ドキュメント

候補者たちの闘争

選挙とカネと政党

ドキュメント

候補者たちの闘争

選挙とカネと政党

井戸まさえ
Ido Masae

岩波書店

はじめに 「選びたい人がいない」
「異端の選挙」が暴いた代議制の機能不全

すでに「選ばれている」候補者

日本国憲法のもと、日本国民は誰もが資格要件さえ満たせば選挙権を持ち、また被選挙権を行使して「立候補」することができる。それはこの国が「主権在民国家」だからである。

しかし、投票する際、私たちは本当に選んでいるのか、と問われれば、どこかに躊躇があるのではないか。首長を含む地方選挙でも、国政選挙でも、あらゆる選挙において、棄権の理由として「適当な候補者がいなかったから」が三割を超え、「忙しかったから」とともに常に上位を占める。

特に国政選挙では、候補者が有権者の前に示されるとき、かれらは政党、組織等の代表として「公認」「推薦」されている、つまり、立候補したときにはすでに何らかの選別を受け、「選ばれている」からこそ選挙に臨んでいるのだ。国民が潜在的に持つ「選んでいない感」は、選挙ポスターの向こう側、候補者が誕生する過程が十分に知られていない、もしくは秘されているという点に由来するのではないだろうか。

二〇一七年一〇月に行なわれた第四八回衆議院議員総選挙は、一九九六年に小選挙区比例代表並立制を採用してから八回目となり、この制度のもとで選挙が行なわれた期間は二〇年を超えた。

この二〇年あまりの歳月はそれなりの重みを持つはずだが、積み重ねてきた経験値の最先端で、二〇一七年、野党側では、これまでの「候補者の誕生」の過程を一気に覆す大事件が起こる。

しかも、解散から立候補届が受理されて選挙戦に突入するまで、たった二週間足らずの出来事だった。

ある者は候補者から外されて出馬を断念、ある者は別の党に移り、また、ある者は無所属となった。

誕生していたはずの候補者が消えていく——。

一体、このとき何が起こったのだろうか。

まさに怒濤のような選挙戦が終わって一呼吸おいたのち、この選挙に翻弄された「候補者」たちに会うと、与野党や当落を問わずみな、ある種の「傷つき」を持っていることに気がついた。たとえ議席を得た者でも、どこか不安げでおどおどしている。

それは政治家個人の話だけではなく、民主主義の姿にも重なって見えた。

この選挙はおそらく平成最後の国政選挙となるだろう。時代を透かして見えてくる候補者たちの右往左往は、いま平成を終えようとしている時代の動揺そのものを表わしていたのではないかとも思った。

平成は、一九八九年一月、昭和天皇崩御、明仁皇太子の即位により始まった。この年はまた天安門事件、ベルリンの壁の崩壊など、国際情勢が激変した年でもあった。東西冷戦という絶対軸が崩れる中で、昭和の因果を背負いながら平成は時を刻んでいく。

阪神淡路大震災、オウム真理教による一連の事件、アメリカ同時多発テロ、リーマンショック、東日本大震災……。

内外の目まぐるしい変化の中で、日本政治も転換点を迎える。リクルート事件の責任を取るかたちで竹下登内閣が退陣し、宇野宗佑内閣が誕生したものの女性スキャンダルであえなく瓦解。細川護熙《もりひろ》・非自民八党派連立内閣の成立、自社さ連立、自公協力体制の確立等々により「五五年体制」は崩壊する。

そして、小選挙区の導入が選挙の常識を変えた。それまで二世や秘書、もしくは官僚出身者にほぼ限られていた衆議院の候補者に、「公募」を通して社会経験の浅い若者たちが続々と挑むようになったのである。

二〇〇五年には小泉純一郎総理による郵政選挙が行なわれ、郵政民営化に反対する者には「刺客」が送られた。公党の候補者が突然公認を外され、無所属で闘うことを余儀なくされる。しかも、ついこの間まで自分が名乗っていた「自民党公認」の対抗馬を立てられて、である。

この結果、自民党は大勝し、「小泉チルドレン」と呼ばれる新人代議士が八三人も誕生した。しかし、二〇〇九年の政権交代選挙では、かれらのうち小選挙区で生き残れたのはたった四人のみ、比例区を合わせても一〇人にとどまり、一四三人に及ぶ民主党公認の初当選者たちに取って代わられた。しかし三年三か月の後、再び政権は自民党へ戻り、のちに「魔の二回生」と呼ばれる自民党初当選組一〇一人が誕生する。この二〇一二年の総選挙以降は「安倍一強」政治が定着し、自民党にいる限りは安泰、無風の選挙が続いた。

ところが、である。二〇一七年九月、解散総選挙を前に、一瞬ながら政権交代が頭をかすめる瞬間があったのだ。あの熱とその後の展開をどう評価すべきなのだろうか。

「選挙は現代民主主義の心臓部」

「代議士はどのように誕生するのか。現代政治でこれほど刺激に満ちた重要なテーマも少ない」一九七一年(新版一九八三年)、政治学者ジェラルド・カーティスは、日本の選挙の実態を克明に描いた『代議士の誕生』の書き出しでこう記した。そして、選挙のフィールドワークを行ない、その過程を研究する意義と意味とは何かを問いかける。

「選挙は現代民主主義の心臓部であり、その鼓動に耳を傾ければ、その国の政治の健康状態がよくわかる。本当に競争原理が働いているのか。政党主体か、個人主体か。選挙運動に参加するのは一般の有権者か、それともごく一部の有権者が票をまとめるのか。こういった選挙をめぐる様々な問題が、一国の政治を左右する重大な意味を持つ」

この指摘の重要性は現在も変わっていない。

しかし、カーティスがフィールドワークしたのはあくまでも「昭和の選挙」である。時代が平成に入り、選挙自体が大きく様変わりしている。

言うまでもなく、最も大きな変化は選挙制度が小選挙区比例代表並立制に変わったことだ。各政党が一つの小選挙区では一人の候補者しか立てられないのだから、政党主導がさらに強化され、選挙戦が始まった時にはすでにある程度の結果が見えている。

つまり、実は候補者たちにとっては選挙そのものよりも、候補者になれるか否かが勝負なのである。有権者にとっても、たとえば自民党を支持しているのであれば、自民党が出してきた候補者を積極的であるにせよ消極的であるにせよ、受け入れざるをえない。となれば、カーティスのいう「心臓部の鼓動」は、選挙戦よりも前、候補者が選ばれる過程を注意深く見なければわからないということになる。

いま日本社会では、あちこちに行き詰まりが起きている。ところが、政治はその抜本的な対策どころか、それが何に由来するのかさえ、見ようとしていない。

政治の機能不全はどこから来ているのだろうか。

その一因は、政治を担う代議士を生み出す根源である代議制＝選挙の機能不全にあるのではないか。しかし政党や代議士たち当事者は、機能不全があったとしても、病は外には出したがらない。また、研究者や報道機関がアクセスできる情報にも限りがある。

カーティスが指摘するこの国の「健康状態」を把握するためには、できる限り内部にいる者が何が起きているかを伝えなければならない。

「異端の選挙」が問いかけるもの

二〇一八年が明けて、私は歩き始めた。キーパーソンを取材し、なるべく微細なことを意識的に聞くようにした。物ごとの真実は細部に宿る。きっかけは取るに足らない小石かもしれない。だが、小石が転がるうちにさまざまな物にぶつかり、巻き込んで、思わぬベクトルの変更に至る瞬間がある。それを共有したことを確認する作業でもあったのだ。

権力者、もしくはその側近が書き残す「正史」は今後出てくるかもしれない。しかし、ここでは話題にものぼらず、オミットされる声を残しておきたい。「なかったこと」となるかもしれない候補者たちの闘争こそが、「心臓部の鼓動」を突き動かす血脈なのだ。

本来、この「候補者の誕生」に至るプロセスの検証を行なうべき政党は今はない。まさにあっという間に消えた。

希望の党とは、民進党とは何だったのか。

突如生まれた立憲民主党や、野党共闘を実現することを求めた共産党のみならず、与党である自民党や公明党にとっても、はたしてこの選挙を「勝利」と言っていいものなのか。

何よりも国民にとって、この選挙はどういう意味を持ったのだろうか。

まもなく平成が終わり、新しい時代が始まる。

平成最後の国政選挙であろう二〇一七年の衆議院総選挙がもたらしたさまざまな問いかけを検証しながら、この国の鼓動を聞いてみよう。

目次

第1章

二〇一七年「異次元総選挙」を闘って

——野党第一党の消滅、「排除」をのりこえ新党結成

2017年衆議院総選挙の最終日、新宿駅南口「バスタ新宿」前での立憲民主党「東京大作戦FINAL」演説会に集まった人々（2017年10月21日、新宿、提供：立憲民主党）

1 「リセット」される候補者たち

「候補者の誕生」まで二週間

二〇一七年九月二八日、第一九四回臨時国会の冒頭、内閣総理大臣安倍晋三は衆議院を解散した。一〇月一〇日公示、同二二日投開票の日程で第四八回衆議院議員総選挙が行なわれることとなった。

この年の七月には、二〇一四年の衆議院議員総選挙以降、解散に対する懸案とされていた「一票の格差問題」を受けた改正公職選挙法が施行。区割りが九七選挙区で見直され、定数は小選挙区で六減、比例区で四減となった。八月以降はいつ解散してもおかしくなくなっていたとはいえ、任期満了までは一年以上を残している。

にもかかわらず安倍総理が衆議院解散に踏み切ったのは、自身と妻が利益供与に関わったとの疑惑が取り沙汰される森友・加計《かけ》問題で窮地に立たされていたことに加えて、野党第一党である民進党から離党者が相次いでおり、都知事選、都議選で旋風を巻き起こした小池百合子が準備していると言われた国政政党が十分に機能しないうちに選挙を行ないたいという思惑があったとみられる。

安倍総理は、河口湖近くの別荘での静養が明けた八月一八日には、臨時国会冒頭で解散することを決め、日程調整に入ったという。

国政と都政の枠組みは違うが、都議選での小池率いる「都民ファーストの会」と公明党の連携は、国政選挙にとっても要注意である。中央では自公連携が不動であることを早々に示しておかなければならない。民進党は都議選惨敗の結果、蓮舫代表が党内での基盤を失い辞任。代表選となっていた。たとえ誰が民進党のリーダーとなっても支持率はそう変わらないだろう。現に離党者は止まらない。やるなら、今だ。

この時期、小選挙区当選者であった議員の死去により欠員となっていた愛媛3区・青森4区・新潟5区での補欠選挙が予定されており、いずれも自民党にとって情勢は芳しくなく、安倍政権への打撃になるだろうと予想されていた。それを回避するためにも解散総選挙に打って出たほうがいいとの判断もあったと思われる。

安倍総理の思惑通り、都議選直後、危険水域と言われる三〇%ギリギリであった自民党の支持率は、九月に入って回復傾向を見せる。自民党が独自に行なった選挙情勢調査でも「そう悪くはない数字」(自民党関係者)になってきたのだった。

希望の党と民進党の合流

一方、野党にとっては思わぬ早い解散だった。思惑は違えど、準備不足を補うための「奇策」を打たざるをえないというのは、どの党、どのグループとも同じ状況だった。

小池は、まさに安倍総理が臨時国会冒頭での解散を表明する九月二五日、一歩先んじて記者会見を開き「希望の党」の結党を宣言。と同時に、それまでの、若狭勝衆議院議員や細野豪志衆議院議員など自民党、民進党を離党した「チャーターメンバー」中心の運営を改めると述べた。

「これまで若狭さん、細野さんをはじめとする方々が議論しておられましたけれども、リセットいたしまして、私自身が立ち上げるということでございます。直接絡んでいきたいと思っています」

「リセット」とはどういうことか。

小池は、「私自身が立場を明確にすることで、勢いをつけていきたい」と、新党の代表として先頭に立って衆議院総選挙を闘うことを宣言したのだ。もしも小池自身が選挙に出れば、知事職をなげうったとの批判もあるだろうが、確かに勢いはつく。

フェーズが変わったのだ。

飲み込まれる筆者自身

この大きな流れに筆者自身も否応なく飲み込まれつつあった。

神戸の選挙区から兵庫県議会議員、兵庫1区選出の衆議院議員として活動した後、紆余曲折の末、故郷である宮城県の選挙区を経て東京大田区の四分の三を選挙区とする東京4区の民主党・民進党総支部長、つまり次期衆議院議員総選挙の候補予定者となり二年が経過していた。

自分の選挙を迎える前に二〇一六年七月上旬には参議院選挙、下旬には東京都知事選挙、それに伴う東京都議会議員の補欠選挙。そして一年後の一七年七月には東京都議会議員選挙と慌ただしく四種の選挙を越えてきたが、民進党は時間が経過するにつれて党勢が低下していった。これは紛れもない事実である。

第3章で詳しく述べるが、私は三〇年前、まったく知らなかった政治の世界に飛び込み、政治家の妻となった。離婚し、再婚後生まれた第四子が民法の規定によって無戸籍になるという衝撃的な体験が、私を「候補者」たらしめていた。

法律を変えたい。そうした思いとは別に、公党の、たとえそれが野党であっても候補者となり続けるには、党内政治や、女性政治家の前に今なお立ちはだかるハードルをいくつも越えなければならない。

ようやく落ち着いた東京4区。各種選挙への取り組み、ポスター貼り、ポスティング、街頭演説、集会、会合まわり……。政治活動で定石と呼ばれることはそれなりに準備していたつもりだった。

しかし、二〇一七年八月末に締切りとされた月例の調査報告書の質問項目を見て、嫌な予感が脳裏をよぎった。

二〇一七年八月　選挙区情勢調査報告書

《1》選挙区情勢及び活動状況について

【1】早期解散・総選挙説が後退し、来年の任期満了に近い総選挙実施が言われていますが、ご自身の選挙区対策で検討している重要な選挙対策の課題は何ですか。

「早期解散・総選挙説が後退」した?

党本部からのこの質問を読んで、あぜんとした私は、こう返事をした。

「早期解散がなくなったとは認識していません。

いつ解散になってもよいように、準備を進めています。

党員・サポーター会議の開催や、野党連携についての会議等々を重ねて、機動力を発揮できるように準備を進めています」

ちなみに、他の質問、報告数値等は以下の通りである。


【2】九月の新執行部発足後、党本部として取り組んで欲しい課題は何ですか?

（例：公認候補内定者を対象とした会合・選挙ノウハウに関する研修・資金対策など）

【3】夏季期間中に相手候補が力を入れて取り組んでいる対策で、特徴的な取り組みがあれば教えて下さい。

【4】自民党候補を支えてきた団体や地方議員の間で、安倍政権に対するスタンスや評価に変化があれば教えて下さい。

《2》民進党代表選挙について
蓮舫代表が辞任し、新代表を選出する代表選挙が実施されます。

このことについて、ご自身の選挙区で有権者から聞こえてくる意見や感想があれば教えて下さい。

《3》臨時国会について
臨時国会召集は九月後半と言われています。

今後の国会審議において、民進党として力を入れて取り組んでもらいたい政治・政策課題があれば

記載して下さい。（例：森友・加計問題への追及・労基法改悪に対する追及・カジノ法案に関する徹底審議など）

《4》今月の活動状況（前回活動報告後の活動内容）

実施期間と、ご自身の活動器材および各級議員とタイアップした器材の使用数・活動数を記載して下さい。

（注）数字は正確に記入して下さい。

■実施期間　七月二〇日～八月二〇日
■戸別訪問数　五〇〇軒
■団体訪問数　二〇軒
■名刺交換数　三〇〇〇枚
■ビラ街頭配布数　五〇〇〇枚
■ビラポスティング数　一〇〇〇〇枚
■ビラ・親書郵送数　一〇〇〇〇通
■朝の駅または辻立ち回数　一五回
■朝以外の街宣（スポット）回数　三〇回
■集会開催数　五回
■集会動員実績　二〇〇人

■広報版設置枚数
前月の報告日現在の設置箇所数　八二〇件
今実施期間中の新規設置箇所数　四〇件
今報告日現在の設置箇所数　八六〇件（＝前月の報告日現在の設置箇所数＋今実施期間中の新規設置箇所数）
■ポスター掲示枚数
前月の報告日現在の掲示枚数　二〇〇〇枚
今実施期間中の新規掲示枚数　五〇枚
今実施期間中の張替掲示枚数　一〇枚
今報告日現在の掲示枚数　二〇五〇枚（＝前月の報告日現在の掲示枚数＋今実施期間中の新規掲示枚数）

こうした数値を毎月報告していても、「解散」の二文字にはすべてを吹き飛ばす威力がある。希望の党を立ち上げた小池の会見を見ながら、これは厳しい選挙になるな、と思った。だが、一方で、希望の党が保守系に食い込んで公明党票や自民党票を一定数とり、民進党と共産党の連携がうまくいけば、それなりの闘いになるということも予測できないわけではない。

悠長にも「九月の新執行部発足後、党本部として取り組んで欲しい課題は何ですか？」などと聞いていた民進党選挙対策本部（選対）に対して「取り組んで欲しい」ことは、ともかく「闘える構図を作ってくれ」ということだった。

民進党と他の野党との連携については、蓮舫体制のときには東京二五選挙区中、12区と20区を共産党に譲ることで、他区は民進党候補に一本化するという前提での交渉が行なわれていると言われていた。

ところが、話はそう簡単にはいかなくなるのだ。

冷やかに見ていた自民党

自民党サイドはこの小池の動きをもちろん気にしないではないが、当初は冷やかに見ていたふしがある。

「もちろん、影響はある。しかし、小池知事の影響力は首都圏に限られる。急な立ち上げで候補者も揃わないだろうから、地方は今まで通り、自公と民進党の闘い。つまり、与党有利は揺るがないと誰もが思っていたと思う。いくら小池知事が『希望の党』のフリップを掲げても」

自民党で「魔の二回生」「魔の三回生」と呼ばれることになる二〇一二年初当選組の一人は、こう回想する。都議選の勢いが再現されれば、少なくとも東京では自民党も民進党も打撃を受けるだろう。しかしこれだけ急だと、いかに小池といえども地方にまでは十分には機能しないだろう、と見ていたのだ。

ちなみに安倍総理の解散の決断は、自民党の現職議員にもまったく知らされていなかった。同じ派閥に属するベテラン議員の一人も「報道で知ったぐらい」だという。

前述通り安倍は八月半ばには決断していたとされるが、その素振りすらなかった。むしろ、都議選で負けて、選挙は遠のいたという見方が大半で、選挙地盤が盤石ではない二階派の若手も「時間ができた」とばかりに、解散が報じられる直前に大挙して中国に出かけている。解散がこれだけ近くに待ち構えていると知っていたならば、まさか海外視察を入れることはしなかっただろう。

まさに「敵をあざむくにはまずは味方から」(大臣経験者)である。

これほど急な選挙ではあるが、一方で与党側で闘う候補者たちは、安倍の決断を「ベストなタイミング」「妥当」と捉えていた。東京都議選で歴史的な敗北を喫してはいたものの、結局は一地方選挙に過ぎない。小池知事の動きを止めるためにも、今、先手を取って攻めていかなければならない。

しかし、三日後、この安倍総理の決断は「大いなる誤り」、「これは負ける」、「もしかすると政権交代もありうる」という逆の声に変わることになる。

安倍総理自身も「解散判断を誤ったか」と周囲に漏らしていたというのだ。

合流の速報

九月二七日、午前九時三〇分。新宿のホテルで希望の党の設立会見が行なわれた。若狭勝、細野豪志に加えて、衆議院議員からは民進党を離党した長島昭久、松原仁、そして現職の内閣府副大臣を辞任し、自民党を離党した福田峰之、参議院議員からは「日本のこころ」の代表だった中山恭子など、一四人のメンバーがひな壇に並んだ。

党の綱領が発表され、「寛容な改革の精神に燃えた保守を目指す」ことが示された。が、この数時間後、ワイドショーに速報が打たれる。

――民進党が希望の党へ事実上の合流で最終調整。

希望の党設立会見の前夜、民進党の新代表となっていた前原誠司と小池百合子、連合(日本労働組合総連合会)の神津里季生《りきお》会長、そしてネットメディア会社代表の上杉隆が極秘会談を持ち、合流を進めていくことでまとまったのだ。解散まで二日もない期限が限られる中でのことだった。

翌九月二八日、衆議院が解散される。直後に行なわれた民進党の両院議員総会で、前原は、民進党は今般の総選挙において公認候補を出さず、公認候補予定者は希望の党の候補者として衆議院総選挙を闘うことを提案、全会一致で了承された。

「東京限定」だと思われていた希望の党が民進党と協調するということは、全国に候補者を立てられることを意味する。まさに、突然の場面転換である。

民進党は、幹事長に内定していた山尾志桜里《しおり》がスキャンダルで離党するなどで、支持率が低迷。離党者が続出し頭を抱えていた前原にとっては反転攻勢できる唯一の選択が、この合流だったのだろう。

実際、両院議員総会に出席した現職の国会議員たちは、民進党の看板で闘う厳しさを十二分にわかっており、この奇策はある意味「渡りに船」だった。小池代表に看板を掛け替えただけで支持率が上がるなら、結構なことではないか。

「政権交代」が見えた日

実際、希望の党の結党直後の二日間で行なわれた緊急世論調査では、日本テレビと読売テレビが比例代表の投票先として、自民党三四%に対して、希望の党は一九%。毎日新聞では自民党二九%に対して希望の党一八%。民進党八%だから、希望の党はすでに野党第一党である。候補者も揃わない中では驚きの数字だった。

「もしかしたら、政権交代もありうるかもしれない」

前原代表の決断は民進党の候補者たちにある種の興奮をもたらした。両院議員総会に出席していた国会議員だけではない。東京から離れた地域で地元活動を行なう不遇の総支部長たちも、「民主党時代の呪縛」からようやく解放される、うまくいけば、地滑り的大勝もありうるのではないかという高揚感を持った。

高揚感の根拠は、希望の党に合流したとしても、統一候補は当然自分だという確信である。希望の党側の候補者がいたとしても、今まで地域活動をしているわけではない。民進党に既存の公認候補がいれば、政治経験などを踏まえても「どう考えても自分が優先されるはずだ」と思っていたのだ。

よもや自分が「リセット」されるとは。

ここから、候補者たちの闘争が始まる。

2　選挙という暴力

飛び交う排除リスト

「さらさらない」「排除いたします」

政権交代の興奮は一日ともたなかった。

希望の党と民進党の合流が具体的に進んでいく段階、つまり、候補者調整を行なう段階で混乱が起き始めたのだ。

合流が了承された二八日の午後四時過ぎには「安保法制に賛成しなかった人はアプライ(志願)してこないと思う」、二九日朝、前原との会合を終えて「全員を受け入れることはさらさらない」、その日の午後には「排除されない、ということはなく、排除いたします」。

小池が会見のたびに次々と発する言葉は、希望の党の頭上に暗雲を呼び寄せる。

一方、民進党の候補者たちにとっては寝耳に水で、前原に対して「話が違う」となる。もちろん、いくつかの選挙区では競合のうえ、民進党の候補者がその小選挙区の候補者から漏れるということはあるだろう。しかし、その場合も比例区で配慮されるなど、従来行なわれてきた工夫と知恵が使われるだろうと思っていた。

しかし、どうやらそうではないという現実は、候補者たちを一種異様な精神状態に追い込んだ。

三〇日には出所不詳の「排除リスト」なるものが候補者たちの間で飛び交う。

安堵、怒り、絶望、疑心暗鬼。

普段の生活では経験しない感情の揺れを一日の間に何度も繰り返す。

排除リストはまさに「処刑者リスト」であった。

ここに名前があがれば、もはや立候補さえできないだろう——。

もちろん無所属での立候補は可能かもしれないが、比例復活も見込めない中、負け戦とわかってコストをかけられる人がどれだけいるか。まさにそれは事実上、政治生命を断たれることを意味した。

ネット時代のいま、こうしたリストがSNSに流されたり共有されたりすることはあるし、実際そうなった。また候補者の間では、これは極秘だと口止めされ、口外したら次は自分がリストに載ることを覚悟しておけといった脅迫まがいのことも含め、リストや関連情報が駆けめぐり、それに翻弄されていく。小学生のイジメのようなことが国会議員、もしくは国会議員を目指そうとしている三〇~五〇代、それ以上といった大の大人の間で、大真面目にやりとりされていたのである。

「交渉を有利に進めるために、希望の党側が戦略的にやったのだとしたら、それは見事なことだったと思う」

ある民進党関係者はそう語る。

確かに主導権は希望の党側にあった。ただ、一方的な「リセット」は、候補者でなくなった人たちだけでなく、一つの党として共に闘う人々に、小池や希望の党への決定的な不信感を抱かせるに十分だった。

小池の「前科」

小池がこうした独断的な人事をやるのは今回が初めてではない。

「出処進退、女の決断」と記された帯の巻かれた『女子の本懐　市ヶ谷の55日』には、今回の状況を彷彿とさせる場面が小池自身により記録されている。

二〇〇六年、久間章生《ふみお》防衛大臣の失言辞任で、急遽、女性初の防衛大臣として防衛省に乗り込んだ小池は、塩崎恭久官房長官にも相談しないまま、「防衛省の天皇」と言われた守屋武昌事務次官を退任させ、警察庁出身の西川徹矢官房長を後任とする人事案を進める。

「事務次官の交代を人事検討会議を無視して一部新聞にリークしたうえ、夜中に携帯電話で通告しようとするなど非常識で手順を無視している。こうしたスタンドプレーを放置すると、安倍総理のガバナビリティに疑問が出かねない」(官邸周辺)いう流れを受けて、小池は「辞めさせられる前に辞める」と自ら辞任する。

小池が守屋の人事に固執したのは、すでに東京地検が収賄で守屋を調べているという情報が届いていたからだと言われるが、なぜ失敗したのか。

「女へンの二文字『嫉妬』を男へンに変えてほしい」(『女子の本懐』)と言う小池だが、「小池百合子は、男へンの嫉妬とは『人事』だということへの認識が足りなかった」(自民党関係者)のだ。

今回の希望の党での失敗も、まさに人事が関わっている。「候補者の誕生」というところから発しているのだ。

一方で、防衛大臣として「男ヘンの嫉妬」に屈しざるをえなかった無念を、いずれの時にか必ず「どこか」でリベンジすることを、大臣退任時の挨拶の中で宣言している。

「I shall return」

小池はそのときのことを、こう書いている。

「『to where(どこに)』ということは言わなかったが……」(同前)

to where――。

彼女はさまざまな思いを胸に、東京都知事選挙で、あざやかに「男ヘンの嫉妬」に対して一泡吹かせた後、もう一度、国政の場に何らかのかたちで return しようとしていたのである。

ただし、希望の党での闘いは、五五日で終わった防衛大臣時代における決断や攻め方、引き際をおさらいするだけとなった。

候補者の持つ怯え

二〇一七年の総選挙は、すべてがきわめて短期間のうちに行なわれ、合流も排除も、目の前に迫った選挙戦に対する時間的制約の中でうやむやにされた。

不透明で、理不尽。

それでも文句を言った瞬間に候補者から外され、今までの努力は水泡に帰す。異議を申し立てることは許されない。極寒の朝、震えながらマイクを握った日々も、ポスターを持ってあちこち走り回った日々も、まさに自分が選挙区と向き合ってきた時間がその瞬間に消えてしまうのだ。それは自分という存在そのものの否定に等しかった。

「はじめに」でこの選挙後、出会う「候補者」がみな、当選していたとしてもどこかに「傷つき」を持っているのではないかと感じたと書いた。歓喜の中にある怯え。それはこのときの恐怖感を明日は我が身と感じているからかもしれない。候補者たちはこの異様な状況の中で、選挙という民主主義のプロセスが持つ暴力性を確かに見たのである。権力を持つ者の恍惚も含めて。

しかし、これは感情的なものではなく、実は制度によってもたらされるものであることを、浅野正彦『市民社会における制度改革――選挙制度と候補者リクルート』は明らかにしている。そこでは選挙制度改革が、日本の政治エリート（政党執行部と政党都道府県連）の政治行動と候補者のタイプに与えた影響を分析されている。

「誰を公認するかという意思決定は最終的には自民党執行部によって行われ、誰が当選するかという意思決定は投票者によって下される。これら二つの意思決定を通過した候補者が、代議士としての政治の舞台に登場することになる」のだが、小選挙区制下では、「政党執行部の権限は相対的に増大する」のだ。ということは、今回のような候補者の交代も含め、一見理不尽なリセットがなされやすいシステムだということになる。

詳しくは第3章で解説するが、それが二〇〇五年の郵政解散により自民党内で小爆発し、二〇一七年の総選挙では野党側で大爆発に至る。しかしこれは偶然ではなく、小選挙区制においての必然であり、法則通りとも言えるのである。

小選挙区制導入は、その後の日本の社会構造や人の意識に対して、どのような影響を及ぼしているのだろうか。

本来、企業内の組織編成の再構築を意味するリストラが、従業員の整理解雇として使われるようになったのは、まさに平成になってからだ。小選挙区制の導入と時を同じくすることを思うと、選挙改革が統治機構改革であったことを意識せざるをえない。

しがらみのないことが何より大事　希望の党の公認基準

選挙から約二か月、二〇一七年の師走に入って間もない頃、私は議員会館に希望の党のチャーターメンバーの一人を訪ねた。同党の公認決定要件などに関する取材のためだ。

戦略的に考えても希望の党の方針が解せなかったという私の疑問に、彼は「すでに公認が決まっていて活動も行なっていた民進党の候補者本位で進めれば、ことはもっとスムーズにいったと思う。小池さんが前面に出て、候補者は民進党のある意味、選挙を熟知した人たちでやればね。『看板の掛け替え』との批判も出るでしょう。でも『小池』『希望』という強い看板はそんな批判を凌駕する。そうすれば、政権交代もできたと今でも思っている。残念だね」と、当時のことを振り返った。

「そして」、チャーターメンバーは重ねて言った。

「小池氏の排除発言はもちろん失敗だっただろう。そこから流れは変わったのも確かだ。しかもっと大きかったのは、政治も選挙も未経験な候補者が心細げに街頭に立つ姿だったんじゃないか」

その心細げな、頼りない姿を生んだのは、若狭が「これだけは譲れない」とした公認要件だったという。

「しがらみがない、これがすべてにおいての基準。政治経験がある者はすべてしがらみを持っている、というのが若狭さんの考え方だった。民進党の新人候補であっても、民進党の公認を受けて地域活動をしていれば、それはすでにしがらんでいる、ってことになる。しがらみがないのはいいことだけれども、ちゃんと活動していたらどこかでしがらみはできる。それがないっていうのは、逆に言えば政治家として無能だとも言える。そんな議員を選んでも意味ないでしょ。そう何度も説得したけれど、若狭さんは聞く耳を持たなかった」

つまり地盤・看板のない候補者こそが「よい候補者」であるというのだ。

それは、若狭自身が今まで候補者を生んできた代議士秘書や地方議員、二世ではなかったことも原因だろう。さらに、都議選での成功体験は「ずぶのシロウトであればあるほどよい候補者」という価値観を、確固たるものにしたのかもしれない。

そして実際、その価値観で候補者は決定された。

「今すぐ仕事を辞めても大丈夫で、どこで選挙をやってもよくて、お金だけ持っているって……、常識的に考えてそんな人はどうだろう？　とはならなかった。そこは政治の世界で長くやってきた者としては理解できない。でも、説得できなかったね」

なぜ従順な候補者がいいのか

「女性だけ、若狭さんは自分で公認したんです」

そう語るのは希望の党の中枢にいた人物だ。若狭は「素人はマズい」(チャーターメンバー)との忠告も聞かず、自らの政治塾「輝照塾《きしょう》」の塾生を次々と公認していった。

しかし、新党であるために、それら女性候補者たちの選挙区には応援してくれる地方議員もいない。東京の場合は都議会議員がいたが、ついこの間当選したばかりで基盤がない議員がほとんどだ。『小池印』で勝った人々には選挙、しかも逆風時の選挙を支えるだけの能力も気持もあるように見えなかった。

「よく選挙カーが回ったものだと思いますよ」別の関係者も言う。

ある女性候補者は選挙期間中、壊れたレコードのように同じことを繰り返し言い続けた。

「街頭で何度すれ違っても、いつも同じ言い回しだった」

よく演説が行なわれる駅前で商売をしている人はそう言う。

それが党本部からの支持なのだろう。突然立候補することになったのはこのように、真面目で従順な候補者たちだったのだ。

「今日は少しトーンが違うなと思ったのは、候補者の知り合いだという応援弁士が入ったとき」。前向きな華やいだ声を聞いたのは、その一回だけだったという。

若狭が従順な素人の女性を擁立した理由は、選挙後、希望の党内で「若狭派」をつくろうという思惑があったからだと関係者は言う。希望の党と民進党の合流、寄合所帯となるときには、自分の手駒をどれだけ持っているかが勝負となる。しかしそれは、そもそも空回りの戦略だった。

そして、二〇一七年総選挙が「異端の選挙」となった理由の一つは、議席を増やすという、政党が本来持つ目的のほかに、この選挙が、これまで民進党が抱え批判の的ともなってきたバラバラ感を払拭するために、集団を分化し、それぞれを純化していく装置として使われようとしたことではないだろうか。

安保法制や憲法に対する「踏み絵」ももちろんそうだが、「風は小池百合子が吹かす。普通の選挙戦をやろうと思うな」といった指導に対して従順であり続ける候補者を公認すること、上の立てた方針に異を唱える候補者はいらない、それ自体が党のまとまりを得るという点では重要なのだと、苦い経験の上に認識されていたのかもしれない。

そういう意味では、善し悪しの判断は別として、民主党時代から続くガバナンスに関する課題に対して出された結果と見るべきなのかもしれない。

「排除」ではなく「抹殺」

選挙は合法的に意に適わない政治家を排除するが、それだけではなく、相手候補を立てることによって合法的に落選させることもできる。

静岡3区から無所属で立候補した小山展弘は二〇一八年一月二〇日付のハフィントンポストのインタビューで、それを「排除の論理どころか、抹殺の論理」と表した。

「抹殺の論理」とは、小山によれば「立憲民主党の候補者や特定の候補者には刺客を立て、リベラルの民意を国会に反映させず抹殺する、特定の議員の政治生命を抹殺する意図を持った希望の党の対応」のことだ。

彼はそのターゲットとなり、民進党出身の現職で無所属で闘った候補者のうち、唯一希望の党の候補者を立てられ惜敗した。なぜ希望の党の候補者が立てられたかといえば、交渉にあたった玄葉光一郎選対委員長(当時)によれば、個人的感情だったという。ある人が「とにかく(小山は)ダメだと言っている」と。

通常の選挙対策では、それまで党に所属して貢献してきた現職が、たとえ何らかのマイナス要素を抱えていたとしても、党議に違反するなどの重要な要因がなければ、そのまま公認され選挙を闘うことになる。もちろん選挙の当落はその候補者によるが、小山の話は、彼個人の問題だけにとどまるものではないのかもしれない。

もしかすると、この選挙以前にも同様なことがあったかもしれないが、それは当事者自身も気づかないほど慎重に行なわれていたと思われる。解散が打たれてから新しい党ができたり、統一候補の作業が進められたり、通常の選挙よりも大きな動きが次々に展開する中、今回に関しては、何か動きがあればプレイヤーがみな見えてしまうという点もまた、「異端な選挙」だったと言えるかもしれない。

立憲民主党の誕生

民進党の混乱と、大量の公認漏れが出る事態に至って、リセットされた候補者たちは行き場を失っていた。そんな中で希望の党の強引な候補者選定や、「踏み絵」と呼ばれる憲法問題などの政策の一致について「政策協定書」にサインすることに不信を抱いた逢坂誠二、辻元清美らは「希望の党には行きません」と、無所属で立候補することを宣言する。

メディアで知られた議員や選挙地盤の強い議員はいいが、リセットされた候補者たちは一期生、二期生といった若手や落選中の総支部長だ。かれらが無所属で出たところで勝てるわけがない。比例復活もないから、まさに玉砕覚悟となる。

特に排除リストに記載されていたのは、直前の民進党代表選挙で枝野幸男の支援を行なった議員や総支部長が多かった。

枝野幸男が新党「立憲民主党」の立ち上げに舵を切ったのは九月三〇日、民進党本部で「全国幹事長会・選挙対策担当者会議」が開かれ、排除リストが永田町で出回り始めた日の夜である。

問題は時間的に間に合うかどうかだった。いちばんのネックとなるのは供託金の手続きという、きわめて事務的な話だった。

衆議院総選挙の公示は一〇月一〇日。直前は三連休のため、六日には比例代表分も含めた供託金を法務局に納めなければならない。

一方で、いったんは「候補者を出さない」と言った民進党も候補者を立てるという道を捨ててはいなかった。

「新党は本当にできるのか」

候補者たちは枝野の周辺に確認の電話をする。

すると、なんとも慎重な答えが返ってくる。

九月三〇日時点で、「党ができる確率は半分半分」。

一〇月一日、「六分四分」になり、そこからは一気の流れとなった。

いったんリセットされた候補者たちは、慌ただしく民進党への離党届、立憲民主党への入党届を出し、立憲民主党の公認として闘うための党籍証明書を交付してもらうべく参議院議員会館に向かった。

立ち上がったばかりの立憲民主党の実質的な事務局機能を担っていたのは、参議院議員の部屋に集められたベテラン秘書ら。立候補届出事務はお手の物といったその道のプロたちだった。また、自治労(全日本自治団体労働組合)はじめ一部の労働組合のバックアップが、立憲民主党の立ち上げのベースを支えていた。

党が二分され、職員も二分

一〇月六日には急ごしらえの立憲民主党も第一次公認候補を発表。一方の希望の党は三日に、一九二人の第一次公認候補者リストを公表していた。

最終的には希望の党は二三五人、立憲民主党は七八人が公認候補として選挙に臨むこととなった。民進党はこの両党の候補者のサポートに入る。つまり、比例区としても、小選挙区としても選挙で争う双方の党の事務作業を、別の党が代行しているかたちである。

特に、希望の党の候補者は今まで選挙に関わったことのない新人が多いことから、民進党職員の支援がなければ立候補すらおぼつかない者も多く、このサポートはありがたかったはずである。

ただ、一方で深刻な問題も生まれつつあった。希望の党、立憲民主党と、所属の議員が分かれることによって、選挙前から職員たちにも明確な線を引かざるをえなかったことだ。

民進党から立憲民主党に引き抜かれていく職員。それまでの人間関係が基礎にあるとはいえ、当然、勢いのある党へ行く者と、とどまる者の間には大きな溝ができる。

「さびしいよね。昨日まで同じ方向を向いていたのに」(旧民進党職員)

「立憲民主党があれだけ広報が打てるのは、ある組織が金銭的にも支えているからじゃないか」など、職員の間ではいろいろな噂話が飛び交ったという。そうした話は感情的対立や不信感から生まれて拡がっていく。

「議員や候補者よりも、修復は難しいかもしれない」(現・国民民主党職員)と言わしめるだけのことが、「中の人」の間でも起こっていたのである。

揺れる候補者たち　命乞いの現場

個々の候補者たちは流動的な事態に翻弄されていた。

自分は公認されるのか、されないのか。希望の党と民進党の合流が伝えられた瞬間から、候補者たちの命乞いは始まった。

それは希望の党、民進党双方とも同じ状況だった。

そして、「処刑者リスト」が出てきた頃から命乞いは加速する。一緒に闘ってきた仲間には言わず、それぞれが自分の身を守るための行動をとったのだ。

「やめ、やめ！　出ないことにした」

私が立憲民主党の公認候補となることが決まってすぐだったと思う。何年ぶりだろうか。二〇〇九年衆議院総選挙で当選同期だった友人から電話がかかってきた。開口一番、出たのはこの言葉だった。

新聞紙上には、具体名の入った希望の党の公認リストが出始めていた。彼は最初に名前があがっていたうちの一人だった。

立憲民主党が立ち上がると決まったものの、この段階ではどう見ても希望の党にとどまるほうが賢明な選択だと、多くの人が思っただろう。

首都圏から遠く離れた地域から立候補することになったというこの元職は、若狭勝が主宰する輝照塾に通っていた。衆議院議員候補としての内定は、すでに都議選が終わってすぐの頃には出ていたという。この候補者は、選挙区については自分から「ここがいい」と希望を表明していなかった。日本全国、どこに行ってもいい。

ただ、一つ条件を出した。「地方議員の協力」、そして「秘書や選挙スタッフの手当ができるところ」である。

若狭からはその点でも快諾をもらい、示された選挙区に向かう。しかし、地方議員は誰も来ず、秘書どころか手伝いをしてくれる人は一人もいない。事務所を構えようにも十分な情報もない。立候補の届出すら候補者本人が自分でやらねばならない状況だったという。

「こんな党はうまくいくはずがない」

話を聞きながら私は、この元職の考えは甘すぎる、と思っていた。そもそも「落下傘でやってきった。

候補者を全力で支える地方議員」など、そうはいないだろう。

そう思いながら話の先を聞くと、彼は「いちばん困ったことが」と、ため息をついたあとこう言った

「希望の党の連絡先に電話をしても誰も出ない。確認事項があっても、誰にもつながらなかった」

責任者の一人である若狭にしても、ある時からまったく電話に出なくなったという。

見ず知らずの土地に一人でいると、本当に出馬することができるのかと不安になってくる。「内定」と言われたが、それはあくまで「内定」で、もしかしたら取り消しになっているかもしれない。

でも、どこに連絡しても誰にもつながらないのである。

いてもたってもいられなくなって、飛行機に飛び乗った。

「どうもこうもない。東京に行って、若狭さんを待ち伏せするしかない。選挙前の一日一日がどれだけ貴重で大事かはわかっているはずなのに、電話にも出ないというのはどういうことだ。そもそもこうやって東京に行く時間で、選挙区でやれることがあるだろうとこっちは焦るが、ともかく確かめないといけないと思った。若狭さんはなかなか現れなかった。やっとのことで深夜に事務所前でつかまえて、『どうなっているんだ』と問い詰めた。しかし煮え切らなかったんだ。こんな党はうまくいくはずがない。もうやってられない。若狭さんに会ってよくわかった。で、やめることに決めた」

すでに納めた供託金等については返金されるのだろうか。気になる。

「いや、それが、不幸中の幸いだけど現場は相当混乱していたらしく、振込み先さえ答えられる

人がいなかったんだよ。だから振り込まなかった、というか振り込めなかった。で、相談なんだけど……。立憲から出られないかな？　紹介してくれない？」

選挙という底なしの地獄

多くの有権者は、彼の発言を聞いてこう言うだろう。

「選挙に出られれば、どの党でもいいのか」

実は、その答えが「イエス」の人は少なくない。

彼だけではない。また今回だけではない。ずっと前から、自民党でも、民主党でも、希望の党でも立憲民主党でも「選挙に出られれば」いい、という人は意外に多いのだ。なぜなら、政治家とはとにもかくにも議席を得なければ仕事ができないからである。代議士として政治の舞台に登場するためには、まずは「バッターボックスに立たなければならない」(前原)ということだ。

私に電話してきた友人は、結局今回の出馬を見送ったが、このように希望の党での立候補を準備していた人たちのうち、民進党で活動してきた人の多くは立憲民主党に活路を見出すことになる。

ただ、そこに摩擦が生まれなかったわけではない。

希望の党の公認になるために、自分の選挙区の地方議員全員に「この人を公認にしてくれ」と要望書を書かせた候補者がいた。地方議員たちはその要請に応えて、要望書にサインした。

しかし、突然その候補者が「立憲民主党」所属になっていた。

「希望の党には行きません」

地方議員らには何の連絡もなく、この候補者のツイッターやホームページはすでに立憲民主党に変えられていた。

当然ながら、地方議員たちは総選挙でその候補者を応援することはできなかった。あれだけ希望の党と言って、ありとあらゆる命乞いをしたにもかかわらず、どういう神経で「立憲民主党の候補者です」と言えるのか。

土壇場でのそれぞれの決断と行状は、その後の政治活動や人間関係にも決定的な事象として影響を与える。

この総選挙では、このようなことが全国あちこちで起こっていた。別の地方議員も言う。

「人間性を見た。人を裏切るのも平気。嘘をつくにも何のためらいもない。でも、それができないと、この世界では生き延びられないのかもしれない」

二〇一九年は統一地方選挙の年である。地方議員たちは不信感を抱いた相手でも、立憲民主党から公認を得るならば、その人に申請をしなければならない立場でもある。かれらは二〇一七年の「異次元総選挙」で、選挙という底なしの地獄を、候補者以外に垣間見た貴重な存在かもしれない。

巻き込まれる地方組織、支援団体

「特殊な選挙だったことは、まちがいない」

民進党で都道府県連を束ねる立場にいたある地方議員は、選挙に重なる混乱はやむをえないとしながらも、「しょっちゅうある訳ではないし、しょっちゅうあっても困る選挙」だと、二〇一七年総選挙を総括した。

　小選挙区になった以上、政党が右へ行けと言ったら、行かざるをえないから、政党の決定に引きずられる。これが中選挙区であれば四～五議席の争いで、個人の活動、努力がある程度反映される選挙結果が期待できるが、小選挙区の場合、個人の個性よりも党の名前が先となる傾向があり、特に新人や当選回数の浅い議員は受け身の対応しかできない。

　彼は、九月二八日の解散を受けての「前原決定」は評価している、という。一瞬でも政権交代が視野に入ったということは、下野して以降の民主党・民進党の他のリーダーたちには誰ひとりできなかったことだからだ。

　しかし、一瞬の高揚をもたらしただけで前原は失敗した。

「詰めができない人なのだと思う。結果としてはアウトだね」

　長年地方政治の現場を見てくると、決定事項を外に出すときには、すでに交渉は終わっているのがあたりまえだ。

　だからこそ、前原が両院議員総会で希望の党との合流を提案したときには、すべての選挙区の名簿の調整は終わっていると思っていた。

　しかし実際には、調整はこれからだった。民進党と希望の党の候補者が立つ小選挙区は二八九。民進党の公認候補が二〇〇人以上、希望の党のリストにも一六〇人ほどあった。その後の交渉の中で押したり引いたりの結果、「二〇〇民進党、一〇〇希望」という「おおまかな合意」のもと、地方組織も調整が求められていた。

しかし、公示日の一〇月一〇日までは二週間もない。「一から始めるのはどう考えても無理」（民進党都道府県連幹部）な話だった。

本来、候補者選定については、各都道府県連から上申され、党本部が公認するというかたちをとっている。

今回民進党都道府県連にとって一つの大きな課題は、民進党本部が他党に所属していた候補を「民進党の公認候補を降ろして」公認していく事体を受け入れていくことだった。特に「日本のこころ」の扱いには苦心したという。

小池は民進党丸呑みによってリベラル色が濃くなることを怖れていた。だからこそ、中山恭子・成彬夫妻を招き入れ、比例名簿で順位を上げるという優遇措置も行なったのだ。右へとウイングを広げて、自民党支持層も取り込む戦略だった。

このように希望の党が意識的に行なった候補者選択は、民進党の地方組織の中にも激震や亀裂をもたらした。

昨日まで共に闘ってきた仲間を切って、これまで敵対してきた者を自分たちの候補者として認め闘わなければならないことは、当然ながらすんなりと受け入れられるものではない。

たとえば、明らかに小池の意思としてプライオリティが高かった中山ルートからは、それなりの数の候補者をあてがうことが示されていた。

しかも、具体的な候補者名があがるのは発表ギリギリで、反対しようにも物理的に厳しい状況だった。他の選挙区の候補者が決まっていく中で、なかなか決定が出ない民進党の公認候補者たちからは「どうなっているのか」とやんやの催促が来る。「大丈夫。落ち着け」と言いながらも、結局は「他に決まった」と伝えなければならないとなると、同じ政治家として忍びなかったと、この都道府県連幹部は言う。

まさかの新党結成で崩れる形勢

一方で、いったん決まっていた希望の党の側の候補者が直前で降り、結果として、民進党の候補者が復活する、といったケースもあった。

希望の党の候補者たちも、少なくとも民進党系候補者とは一本化されると思っていた。かれらにとっては立憲民主党ができたことは想定外で、そのうえ日本維新の党からも候補者が出るとなれば、野党側は乱立して、形勢は自民一人勝ちとなる。このままでは思ったような有利な闘いには持ち込めないことがわかってきたのだ。

「(選挙の構図を考えたら)しんどい。辞退させてもらう」

候補者発表前日の夜、全国でこうしたやりとりがあったはずだという。

民進党最大の支援団体、連合の動きも複雑だった。

希望の党と民進党の合流についての会談には連合の神津会長が同席していたとはいえ、連合は産業別組合、単位組合等の組織を持つため、意思決定までに時間がかかる。

民進党の候補者にはすでに推薦決定が下りていた者もいたが、希望の党の新人候補者は、選挙区が決まってすぐに推薦依頼、推薦決定とはいかないのだ。

結局、公示当日のポスター貼りを連合の組合員が幾班かに分かれて、立憲民主党と希望の党の二枚をもって貼る、というような協力程度にとどまるところが多く、投票依頼の徹底までには至らないケースがほとんどだった。

連合東京は、希望の党の小池とは都民ファーストの会ではあったが都議選での協力関係もあった。だが東京選挙区に関しては、推薦していた民進党候補者全員が希望の党の候補者とはならず、立憲民主党からの立候補となったため、連合東京は立憲民主党を単独で押すことになった。

「(候補者が決まる過程は)〝ブラックボックス〟だった」

今回の選挙での候補者決定について、党も人も関係なく言うことは同じである。

希望の党側は若狭勝、民進党側は玄葉光一郎が窓口となった。ところが、合流直後ぐらいまでは電話に出ていた玄葉が途中からは電話には出なくなり、留守番電話に残しても返信もない。しかたなく、ショートメールを大量に送りつける。何区はどうなっている？　あの候補者だけはダメだ等々。気持を伝えるためには、遠慮をしていてはダメだ――。

しかし返事はない。

現実を見れば、民進党、希望の党、この二つの組織の合流はあくまで「希望の党が主、民進党が従」だった。当然、民進党が譲歩せざるをえない。しかしその認識が民進党のほうにはなく、当然ながら候補者にもない。

今となってみれば、その調整をした玄葉は「かわいそう」だったとも言えるだろう。「彼は人の命を預かっていたわけだから。一生誰かに恨まれるだろうと思うと、立場とはいえ、大変だったろうなとは思う」(都道府県連幹部)との声もあれば「絶対に許さない」という候補者もいる。

玄葉は当時の顛末を公式には語らない。

「若狭さんが言わない以上、自分も言わない」

彼の沈黙は、次なるアウフヘーベン(上昇)への備えなのだろうか。

選挙とはフライングダイナソーで宙づりになるようなもの

実は、こうした候補者をめぐる混乱は二〇一七年の総選挙だけでなく、二〇〇五年の自民党、二〇〇九年の民主党にも少なからずあった。

たとえば、二〇〇九年八月一八日、総選挙公示日の新幹線に、民主党本部に向かうある候補者が乗っていた。

前日の夜、比例代表単独候補になることが決まったのだ。

立候補の届出に必要な戸籍謄本等を郵送していたのでは間に合わない。公示日当日、直接持っていくことになった。朝一番の新幹線に飛び乗り、党本部を目指す。

当時、政権交代を望む声は日に日に大きくなっていた。情勢からいくと、一二日間の選挙戦さえすめば、黙っていても衆議院議員になれる。新幹線が走るレールはそのまま国会への道だ。

いよいよ、東京まであと少しとなったところで、携帯電話が鳴った。

「最終の確認で経歴(かつて自民党所属だったなど)で反対の声があがり、比例名簿に載せることはできなくなった。今回は申し訳ない」

彼の立候補は幻となった。

候補者として誕生できるかは、立候補の受付がすむまでわからないのだ。

後述するが、二〇〇五年の郵政選挙では、民営化反対派の非公認は数十人の規模となり、マスコミも盛んに報道したため目立ったが、実はこうした攻防は選挙のたびに起きているといってもいい。ただ、二〇一七年のようにそれまで党の公認だったすべての選挙区の候補者がリセットされ、しかも野党第一党が自党の名前では一人も公認候補を立てないという事態は前代未聞だった。

『フライングダイナソー』ってあんなふうだろうね」(都道府県連幹部)

ザ・フライング・ダイナソー(The Flying Dinosaur)。

これは映画『ジュラシック・パーク』をモチーフに製作されたコースター型アトラクションで、日本では大阪のユニバーサル・スタジオ・ジャパン(USJ)に導入されている。

フライング・コースターとしては世界一のスペックを誇るスーパージェットコースターで、乗客は大空をはばたくプテラノドンに背中を摑まれたかのような感覚でスリルを体感しながら、ジュラシック・パークの上空を縦横無尽に駆け抜けるというコンセプトである。

疑似体験ならばよいが、USJでは走行中に緊急停車する事態が起こり、乗客が地上二〇〜三〇メートルのところで宙づり状態で、二時間を過ごさねばならなくなったことがある。

衆議院総選挙に挑戦するということは、いつ何時急上昇、急降下が起こるかも予想できない。宙づりになり、そのまま何時間も放置されることすらある。ほっとしたと思ったら、また回転が始まる。永遠に続く無間地獄なのだ。

フライングダイナソー――。このたとえを否定する候補者は一人もいないだろう。

3 「異次元総選挙」が残したもの

「野党共闘」という産道

小選挙区で勝利するために最も大事なのは闘いの構図だ。つまり、いかに一対一の勝負に持ち込めるかである。

民進党が蓮舫代表時代に進めた「野党共闘」は、共産党との連携が鍵となっていた。共産党から提示されていた全国一五選挙区で野党共闘ができれば、他の選挙区の統一候補は民進党の候補者になり、仮に小池新党ができたとしても、そこそこの結果が生まれるのではないかというのが、参議院選挙の経験を踏まえたうえでの判断で、それがあと一歩のところでまとまりつつあった。

しかし、都議選での惨敗を受けて蓮舫が代表を辞任、前原新代表が選出された段階で共闘は危ういものになっていた。そして希望の党との合流は、市民を含めた、それまでの共闘路線に大きな溝を作ることになった。

それを埋めたのは、まさにひょうたんから駒の立憲民主党の誕生である。

一方で、立憲民主党と共産党は共闘すればするほど、支持層の重なり部分が大きくなる、つまり比例区では票の食い合いをする関係でもある。

結果的に、共産党は議席を減らし、比例区の東京ブロックでは二議席にとどまった。

ただ、これが共産党にとって後退かといえばそうとも言えない。何より、すべての選挙区で共闘をせず、いくつかの選挙区ではバラバラに闘うことによって、共闘がいかに当選への必須条件であるかを可視化することに成功した。

そこに共産党の戦略的な判断があったのだとすれば、今後の政局を考えたうえでも、政党としては正しい行動だったと言える。加えて、共産党は、実質的に他党の比例順位を左右できることをも党の内外に示したのだ。

この結果は次回の選挙において、候補者心理、政党心理のどちらに対しても影響を与える。特に野党が勝利した選挙区では、共産党抜きでの選挙は難しくなる。共産党から離れては勝利できない、共産党との共闘という産道を通らなければ産まれることはできないという、強烈な体験の残像を他党の候補に与えることができたのである。

比例票についていえば、得票数の増加した二〇一二年分、二〇一四年分は、ふがいない民主党に対する批判票の受け皿になっていたと考えれば、今回の結果は、単純に共闘によって票が減ったとも言えない面がある。その目減りは共産党に対する批判ではないのだ。

むしろ、市民との連携を地道に続ける姿、またＳＮＳ等では共闘でクロスすることになった立憲民主党支持者に活発な活動を行き届かせることもでき、コアな共産党の姿が見えてきた。こうした観点からすれば、今後につながる面もあっただろう。

「これで本当に選挙になるのか」

希望の党の公認に関しては、民進党からの巻き返しもあった。

民進党からギリギリで希望の党の公認候補となったある者は、当時のことを選挙後詳細なレポートにしている。題は「我が敗戦記」。落選後、気持の整理のために書いたという。

「一一月一〇日、希望の党共同代表に玉木雄一郎衆議院議員が選出された。翌日の新聞各紙では一面ではなく政治面で報じられていた。政権交代はおろか野党第一党にすらなれなかった現実を見せられて深い溜息がでる。

わずか二ヶ月間の出来事が、何か何年も前の出来事のように思える。それだけいろいろな事があった。あり過ぎた」

こう始まる「敗戦記」には、九月一七日、新聞各紙が一斉に「衆院解散か」と報じた日から、いつ何が起こり、誰と何を話したかが詳細に記録されている。

自身が希望の党の公認を得るに至る過程は、本人不在で、でき上がったばかりの党内の権力闘争とも読み取れる。

短期間のうちに、めまぐるしい紆余曲折があった末に、ようやく収まった「希望の党第一次公認者」の座。他の民進党の候補者たちには、従来活動していた小選挙区から別の小選挙区へと移る「国替え」や、小選挙区からの立候補を取り止めて「比例代表単独」で立候補する人も多かった。選挙区調整がかなり難航したことと、それを受け入れざるをえなかった候補者たちの悲痛な思いが伝わってくる。

地域単位で一括で公認候補が決まることへの不信もあった。大阪府においては、希望の党が維新の会と棲み分けた関係で、希望の党の公認がゼロ。大票田の大阪で小選挙区の候補者が出なければ、比例票の掘り起こしは期待できない。近畿ブロック全体への影響も大きい。近畿ブロックの候補者たちは、比例区の票はそれほど出ないことを覚悟して闘わなければならなかっただろう。

実際、候補者を立てた立憲民主党に比例票は流れた。近畿ブロックをみると立憲民主党で重複立候補した中では辻元清美が小選挙区で当選。残りの八人中五人が比例復活を果たす。一方、希望の党は泉健太と岸本周平が小選挙区で当選。単独候補を一位、重複立候補者のうち一人だけ二位と優遇された候補がいた関係で、三位で名簿に登載した候補者二〇人中たった一人しか当選しなかった。近畿ブロックでの比例復活の単純な当選確率は立憲民主党六二・五%に比し、希望の党五%だった。

いったんは政治の世界から身を引いた元国会議員の名前も見つけた。全員が国替えである。しがらみがない候補者を揃えたかった希望の党だが、必要十分な候補者が確保されているわけではなかったことがわかる。

選挙中、その中の一人から電話があった。

「先日、公認内定者の会議があって、選挙コンサルタントみたいな人が説明するんですけど、いいかげんなんです」

そう言って、そのときの様子を説明した。

「自分で風を起こそうとしなくていい。風は小池百合子が吹かす。普通の選挙戦をやろうと思うな。最低限のこと、公営掲示板にポスターを貼ること、後日に三分間の原稿を送るからそれを丸暗記して選挙カーで演説して回ること、これだけでいい。選挙ハガキとかビラとか電話作戦とか一切しなくていい、ということでした。これで本当に選挙になるんですかね」

「たぶん、東京都議選ではそれでも大量当選したのでしょうね」

私はそう答えたが、かれらの「これで選挙になるのか」という不安は、選挙期間中にさらに増大していくこととなる。

小池党首の「檄」

不安のもとのひとつは、希望の党の全候補者に向けて送られてきたファクスだ。

選挙初日　お疲れさまでした
初めて出馬された方、心細くはなっていませんか？
何回も選挙を経験しても、結果が出るまでは不安になるものです
しかしそれはみんな同じです
不安に負けず　精一杯努力した人が結果をつかみ取るのです。
私たちには、全国に同志がいます。
ひとりじゃない　希望の党みんなで戦っていることを忘れないでください。
明日もがんばりましょう！
代表　小池百合子

選挙戦三日目　今日もお疲れさまでした。
（中略）
明日から全国的に雨が続いて気温も下がるようです。
傘に遮られぬよう、大きな声で訴える為にも、食事はきちんととりましょう。
腹が減っては戦はできぬ。
明日も元気にがんばりましょう。

選挙戦五日目、今日もお疲れさまでした。
各社の情勢調査、厳しい数字が出ています。
しかし、選挙はこれからです。
ここで気持ちが折れていては、勝ち抜けません。
最後の最後まで、切実に訴えましょう。（後略）

選挙戦九日目　今日も皆さんそれぞれに奮闘されたことと思います。
我々希望の党への情勢はいまだに厳しいというのが現実です。
立憲民主への追い風も強くなっています。
しがらみばかりで自分たちの利益保持に躍起な自民。

極左傾向が日増しに強まる立憲民主。
私たちはそのどちらでもない、健全な改革保守政党なのです。
その違いを明確に打ち出して下さい（後略）

まるで、小学生に送るような文章だ。これが東京都知事の重責を担っている公党の代表による、国権の最高機関を目指す候補者に対しての「指令」であるという現実に、これまで自分が積み上げてきたものが崩れていくのを、多くの候補者が感じていた。

介護問題をしっかりやります　すれ違う問いと答え

総選挙からほぼ半年たった二〇一八年三月一八日。関西の放送局である毎日放送で月に一回日曜深夜に一時間放送される『ＭＢＳドキュメンタリー　映像'18』で「希望の果てに　分かれ道をゆく政治家たち」が放送された。二〇一七年総選挙をめぐって、京都を選挙区とする前原誠司、福山哲郎、山井和則の三人の姿とその後を追っている。

この三人の共通点は京都が選挙区というだけではなく、全員が一九六二年生まれで、京都大学、同志社大学と京都にある大学で学び、松下政経塾に入塾し政治家への道を歩み出し、その後は同じ党に所属しながら活動を続けてきたことである。

三人が同じ時に同じ選挙を闘ったのは、一九九六年、初めて小選挙区比例代表並立制が導入された第四一回総選挙のみである。福山、前原、山井はそれぞれ京都1区、2区、6区で出馬する。小選挙区では全員落選。かろうじて現職だった前原が近畿ブロック三三人の枠の中、二六位で比例復活当選をする。

その後、山井は衆議院議員、福山は参議院議員となり、民主党で共に活動することになるが、かれらの「分かれ道」は、実は一九九六年からできていたというほうが正しい見方かもしれない。

二〇〇〇年の総選挙から六期連続当選している山井にとって、七期目をかけた選挙はこれまでになく難しい闘いとなった。

ふだん政策として掲げていることと親和性を持つ立憲民主党が立ち上がったことも、希望の党から出馬した山井にとっては逆風となった。

選挙期間中、山井にかけられるのは厳しい声である。

「失望したで、はっきり言って」

それに対して、山井は答える。

「介護問題をしっかりやります」

「前原、なに考えているんだ。選挙に落ちたくない、ひっついたのは大きなまちがいや」「福山はがんばってるやん」

「介護問題がんばります」

「なんで希望やねん」「失望した」

「介護問題、ライフワークでやります」

「わしらの気持を裏切らんでくれ」

「党はいいので個人でお願いします。希望はおいておいてください」

「本音を言うとやっぱり民進党で出たかった」「希望の党を選んでないんです」

演説会で、街頭でこう繰り返す山井。

「小選挙区は山井で　みなさんの年金と介護を守ります」

「今までの民進党の政策とまったく変わっていません」「憲法九条についても変わっていません」

有権者は山井のその言葉に納得しない。

「さっぱりわからない」「申しわけないけど信頼する気にはなれなかった」「負けて当然。魂を売りおった」

激しい逆風の中で、山井は小選挙区で敗退。閣僚経験者の馬淵澄夫(奈良1区)すら落選するなか、山井は唯一命拾いし、比例復活する。

「一年後、希望の党はなくなっているんじゃないかと思いますね」

山井は当選後、そう予測し、実際に希望の党は分裂。主流は民進党に合流し国民民主党と党名を変え、自身も国民民主党議員となった。

政党とは候補者にとって何なのか。有権者にとって何なのか。

二〇一七年総選挙が問いかけたのは、日本の政党のあり方そのものでもある。

だまされたと思っているのは小池さん

「われわれはどんな手段を使っても、安倍政権を止めなければいけないんではないでしょうか」

二〇一七年九月二八日、民進党の両院議員総会でこう説得した前原。山井や多くの候補者の苦悩を知ってか知らずか、テレビ番組のインタビューではこの選挙について概ね肯定的に総括している。もし、自分が決断しなければ、さらに民進党は埋没して、大阪選挙区全般、東京都議会、参議院の惨敗がさらに加速して民進党はなくなる。勢いのある小池と合流することで、当選者を増やすことができる。それは回り回って党員・サポーターにも理解されることだと信じて小池との合流を決めた、と。

「(小池に)抱きついたというのはかなり正しい表現じゃないですか」「抱きつきました」

インタビュアーに笑顔で答える前原。

小池にだまされたのではないか？　との質問に対してだけは、語気を荒らげて、否定語をたたみかけた。

「だまされていないですよ。だまされたと思っているのは小池さんかもしれません」

「何をだまされていますか？　小池さんに。だまされていることはひとつもないですよ」

そして、本音を漏らす。

「政治はアンコントローラブル。マネジメントできないものかもしれないですね」

「民進党分裂は想定内」とも言った前原にとって、政治は運任せ、ということなのだろうか。

であるならば、前原が師と慕った仙谷由人が未刊の自伝で指摘したように、今回の選挙は結果的には「天につばするような」ものになってはいないか。

政治家は結果責任とよく言われるが、前原は二〇一七年の総選挙を総括する自身のビラで、民進党系が選挙前と比べ結果的に議席が増えたことを自賛している。しかし、これは枝野幸男の功績であって、前原がそれを促し、後押しをしたというには無理がある。

政治家に、最も大切なのは信頼である。

選挙に勝つための戦略もあろう。そこは理解する。しかし候補者たちは「コマ」ではない。筆者が今回の選挙を通じて最もつらかったことの一つは小池の非情ぶりではない。「ALL FOR ALL」と語る一方で「民進党分裂は想定内」と語った前原が、多くの候補者たちに玉砕を強いながら、そこまでして守りたい「国民の姿」がまったく見えてこなかったことである。

つまり、この選挙を通じて、そして小池に抱きつくことで行ないたかったことのひとつは「民進党の分裂」であったのかもしれないということなのだ。

前原、山井、福山の共通点

前原は、京都大学高坂正堯ゼミで国際政治学を学んだ。卒業後、外交官になるか学者になるかの選択に迷ったとき、高坂は前原に政治家になることを勧めた。

松下政経塾から内定を得たが、いよいよ卒業というときにドイツ語の単位が足らないことがわかり、一年留年することになった。翌年に再度試験を受け直して政経塾に入ったが、政治家として「最後の詰めが甘い」と指摘される予兆はすでにあったのかと妙に納得させられるエピソードだ。自分が直面している危機を認識していない。肝心なところでの勝負勘の狂いもそのころから変わっていないとも言える。

山井は京都大学大学院で酵母菌の研究を行なっていた。政経塾でも共有のパソコン室をほぼ独占して、夜も寝ずに勉強していた。

筆者がなぜ政治の道に来たのかと聞いたとき、真顔で「酵母菌はいくら話しかけても笑わんのや」と返された。

福山は同志社大学を卒業し、バブル期の真っただ中を大和証券で過ごした。バブル崩壊直前に退職し、一九九〇年入塾。この年は前年が一四人、その前の年が一七人だったが、たった三人しか入塾しなかった、政経塾としても特殊な年である。その三人のうちの一人は小野寺五典元防衛大臣だ。

福山が平成の三〇年間が過ぎても昭和の香りを残すのは、バブル時代の強烈な体験を経てきているからだろうと政経塾関係者は言う。彼の学生時代は決して裕福なものではなかった。東京大田区で町工場を経営していた父の会社が倒産したという苦学生だ。営業成績がすべて。その経験は政治家福山にも影響しているはずである。

衆議院での落選を経験し参議院に鞍替えするが、それは前原の傘下にとどまらなければならないことも意味したはずだ。

かれらはお互いに基本的には「さん」づけで呼ぶ。期が下の福山を「福ちゃん」と呼ぶことはたまにあっても、どこかで心を許し合っていないというのは、以前から感じることでもあった。思えば、前原も山井にもニックネームがない。そして、驚くことに普段着姿すら見たことがなかったのである。

前原、山井、福山。全寮制の松下政経塾で共に過ごした時間を持つ筆者はかれらの共通点をもうひとつ知っている。私服姿でいる時間が極端に少ない、ということだ。

政経塾では朝の掃除をするためにジャージーを着る。それ以外は背広。

政治家になってからも、かれらは防災服か、背広。クールビズとなっても開襟シャツか、ごくごくたまに「かりゆし」。つまり、土日を含めてプライベートな時間はほぼない生活をしている、ということでもある。

常に外向きの生活は、どこかでゆがみをもたらす。

青年時代から政治の世界だけに身をおいた者の不自由を感じないではない。

残さずにはいられない「候補者」の憂鬱

この章の最後は小選挙区は別の候補者に決まり、あるブロックの比例名簿に記載された希望の党候補者を紹介する。

それなりの犠牲を払って小選挙区での出馬を取りやめるのだから、優遇されると思ったら違ったことに落胆し、政治の世界に入って初めて「闘えない」苦しさを味わったという。

名簿順位は当選への一縷の望みもない低位置だった。報道では、出馬するには上納金が必要と聞いたが、供託金は預けていない。党が持った。

選挙区で公認された候補者の貧弱な闘いぶりの噂は耳に入ってくる。かれらとて、不満が募るのもわかる。未熟なまま「候補者」を誕生させた罪は、いったい誰が背負うのだろうか。

そもそも政治家を志向する者は「メモ魔」が多い。選挙から時がたって落ち着いてくると、インタビューを受けたり、「我が敗戦記」（三八頁）のように、手記を公開する人々も出てくる。

もちろんそこには自己弁護の意味合いがないわけではないだろう。ただ、少なくとも私が接した手記やインタビューの主は、特定の政党やグループを賞賛したり、非難することがその主たる目的ではない。報道され衆人の知るところとなったことに加え、知らされていない事実を伝えたいという、政治を志す者の矜持、使命感を感じるのだ。

「残さずにはいられない」

「書かずにはいられない」

「話さずにはいられない」

候補者として選挙戦を闘った人々をそういう行動に駆り立てるという点から見ても、今回の選挙は「異端」だったのである。

第2章

候補者とカネ

──「異次元総選挙」にぶち壊された資金計画

降りしきる雨の中、衆議院総選挙のポスター掲示板の前を足早に通り過ぎる人々(2017年10月16日、調布市、朝日新聞社)

1 「政治家になる前」に必要な選挙資金

二〇一七年一〇月の衆議院議員総選挙は、選挙資金という点でもイレギュラーな選挙であった。そもそも野党第一党である民進党が、党としての公認候補を出さないと決めたこと自体が異例なのだが、それによって、選挙資金の「入り」と「出」についても今までとはまったく別の形態となった。

政治家がどのようにカネを集めているか、また使っているかという政治献金については報道も研究もされているが、そもそも候補者がどのような資金的背景を持ちながら選挙に臨んでいるかという点はあまり語られたことがない。

この章では、希望の党、立憲民主党、無所属での出馬、あるいは出馬自体を断念することになった人も含め、民進党の周辺にいた候補者たちのケースを基本に、選挙の支えとなっている党からの資金の流れを確認して、それが候補者の誕生とどう関わったかを考察していきたい。

平時における政治資金の入りと出

民進党の場合、選挙がない時期には、次期衆議院総選挙の候補者である総支部長には月五〇万円が支給されていた。その全額を政党支部への交付金というかたちで受けとるか、もしくは二つに分割して、三〇万円の交付金と二〇万円の候補者個人への業務委託契約という形式で受けとるかは、総支部長本人が選択ができるようになっている。

個人への業務委託契約にした場合、その二〇万円は個人の収入になるため、使途報告義務はなくなる。一方で、業務である以上は、要求される職務に対してのパフォーマンスの報告義務があり、簡単なレポートを毎月提出する。

細かい話になるが、源泉徴収をされた後の収入が二〇万円となるため、確定申告をして経費等が認められれば、徴収された分から、ちょうど一か月分が戻ってくる場合もある。

二〇〇九年の政権交代直前は、五〇万円の政党交付金と、現職の地方議員以外の落選者や新人で仕事をしていない者に対しては二〇万円の委託金が加えられて七〇万円というかたちだったが、二〇一二年以降は五〇万円に減額されて二〇一七年に至っていた。

ただし、これにも例外がある。人によってはさらに二〇万円の上乗せがあった。しかし、誰が受けとっているかについては収支報告書で公表されるまではわからない。とはいえ、何らかのかたちでそのことが漏れると、当然ながらその選抜理由が不透明で不公平だという批判の声があがる。二〇一七年総選挙直前の代表選の折にもそのことが指摘され、代表選後に改善される予定だったが、あっという間の解散によって立ち消えになった。

戦時の選挙費用の基本は一五〇〇万円

さて、政局が動き、「いよいよ選挙になりそうだ」との流れが出てくると、政党からそれまで支給されていた交付金等は停止され、公認料等の選挙費用が振り込まれるようになる。会計上の扱いについては、違反にならないよう党本部の経理から細かく指示が出る。

今回の場合は、まず九月二二日に五〇〇万円が振り込まれた。

第1章でも触れたが、この時期は前原誠司が新代表に選ばれたものの、直後の山尾スキャンダルなどで次々に離党者が出て、民進党がまたしても揺れていた時期だ。

この資金は、一種の「踏み絵」としても使われていた。実は、離党予備軍かもしれないと状況的に判断がつく総支部長に対しては振り込まれなかったのだ。それ自体が異例といえよう。こうした選挙資金は通常、横並びで同日に、そして基本的には同額が支給される。その後で選挙区事情によってはさらなる振込みがある場合もあるが、少なくともそれ以前は同じ総支部長という役職についていたにもかかわらず、振り込まれたり、振り込まれなかったりということは起こりえなかった。

一応は資金を振り込んだ総支部長に対しても、党本部は警戒を持っていた。現状では把握しきれていないが、ほかにも離党を考えている者がいるかもしれない。資金を持ち逃げされないためにも、領収書を期限までに提出するよう求めるとともに、今後もし離党などがある場合には速やかに返還することを約する書類も添えられていた。もし、この領収書等を送ってこなかったとしたら、離党を考えている可能性があるとも取れる。疑心暗鬼、党内に相互の信頼がなくなっていることを実感させられる事態でもあった。

そして実際、前原代表が希望の党への合流を発表するより前に、先行して離党した候補者たちには、離党のタイミングによって公認料等の支給に差が出た。たった一日早く離党したために二〇〇〇万円がゼロ、だ。

ともかく先に離党して、希望の党の公認の椅子に座ることが、衆議院総選挙勝利への近道だと信じていた人々は、選挙資金より当選確率にかけたのである。よもやその後、合流という展開になるとは思ってもみなかっただろう。

民進党選挙対策委員会の事務方から、公認料を出すので個人の銀行口座を登録するようにという連絡があったのは九月一九日だ。

選挙が行なわれる流れはもう止められない。前回の資金五〇〇万円とは別に、公認料としてさらに五〇〇万円が振り込まれることとなった。

そして、公認料振込みの連絡が来た三日後の九月二二日、その日は幹事長に内定していた山尾志桜里が週刊誌にスキャンダルを書かれ民進党を事実上離党した日だが、政党支部には五〇〇万円の政党交付金が振り込まれた。

事前に振り込まれた五〇〇万円、公認料の五〇〇万円、そしてこの政党交付金の五〇〇万円。この二二日までに振り込まれたのは合計一五〇〇万円。これに個人資金を合わせたものを原資に候補者たちは闘いに挑んでいく。だがこの段階では、希望の党への転籍を狙っていた一部の人を除いて、多くの候補者たちは「民進党公認」で闘うものと思っていた。

選挙資金の先食い

さて、一五〇〇万円といった金額が、候補者たちのもとにたった数日の間に振り込まれるさまをみて、政治家はいい商売だな、と思う人もいるだろう。選挙となれば資金も潤沢、たった一か月ほどで使い切るのも難しそう、むしろ使い切れずに残ってしまうのではないかと、心配する向きもあるだろう。

ところが実際はそうとは言えない。この選挙資金が入ることを見越して、先食いをしている政治家が多いからだ。

当然ながら、まっとうな活動をしようと思ったら、人件費や事務所費ほかの経常経費を毎月支給される交付金五〇〇万円でまかなうのは無理である。

たとえば私の事務所の場合だが、当時三人のスタッフ、アルバイトへの人件費関連の支払いで月八〇万円前後、事務所の家賃や駐車料ほかで月二〇万円、チラシなど印刷物を作って配布すれば、そのたびにさらに一五〇万～二〇〇万円の出費を覚悟しなければならなかった。

つまり、常に五〇万～二五〇万円の赤字が出ているのだ。その分を献金や政治資金パーティを開催してまかなうよう工夫はするものの、現職の議員でもない候補者が、楽に資金を集められる状態でないことはおわかりいただけるだろう。

となると、貯金からの持ち出しとなるわけだが、その場合の心の支えとなるのが解散時に入る資金である。唯一、計算が成り立つ資金だからだ。

一方、選挙で対抗しなければならない相手候補は現職の国会議員で、公費でまかなえる秘書が三人いる。公設第一秘書、第二秘書、政策担当秘書の給与は合算すると少なくとも年間二〇〇〇万円ほどだろうか。また文書通信交通滞在費も月額一〇〇万円、年間では一二〇〇万円になる。

このように、現職と挑戦者では、そもそも活動費に年間三五〇〇万～四〇〇〇〇万円の差があるのだ。

自民党候補は派閥分がプラス

「自民も一五〇〇万円。ただ派閥分がプラスされる」

自民党で二〇一七年衆議院議員総選挙に出た候補者は、その資金繰りをこう説明する。

「基本的には野党の候補者と一緒。現職でも日々の事務所運営費と活動費で真っ赤っか」

衆議院本会議場で「解散」のバンザイをした後、総理大臣と選挙用の写真を撮る。その後、派閥の事務所に行って選挙資金をもらうというのがならわしである。

その額は派閥ごとで、期数等の事情でそれぞれである。

ある派閥では夏の「氷代」数百万円、冬の「餅代」数百万円が出る。一方で、派閥が主催するパーティなどの売り上げノルマもある。詳しくは第4章で分析するが、そもそも野党とは政治スタイルが違うために、かかる費用も変わってくる。

選挙区によっては事務所を二つ三つ持ち、スタッフも六～一〇人規模になる場合もある。公設秘書三人を加えるとすでに企業体である。

選挙で使う資金は野党よりはどうしても多くなる。

ちなみに、先ほど計算した費用は政治活動のみのもので、生活費は一切入れていない。実際には個人の生活上の必要経費、家賃、食費、子どもがいればその学費等々の生活費がかかってくる。政治活動をしながら別途生活費を稼ぐのは、物理的にも並大抵のことではないことは想像していただけると思う。家賃収入などの不労所得や何らかの副収入がない限り、貯金の切り崩しから借金という負のループに入っていってもおかしくない状況だ。

私が現職の衆議院議員だった二〇一〇年、消費者金融などの取引の総量規制に関する法について議論されていた。これは、貸金業者が借主に定期的に所得証明を提出させ、複数社からの借金も含めて、貸付できる総量を年収の三分の一に規制する、という内容である。

説明を聞き、質疑になった瞬間、ある衆議院議員が手をあげた。

「恥ずかしながら私は選挙で浪人が続いて、どうにもこうにも生活が回らず、消費者金融で借金をしました。総量規制の議論は正しいかもしれないが、あまりに厳しくやると現実に困る人たちが相当出るのではないでしょうか。私とてこうして議員になってようやく借金からは脱せたが、いつ何時また資金繰りに困るかわからないと思うと、他人事とは思えない」と言った。

この議員は高度技能が必要とされる国家資格を持っていた。表向き、経済的に苦しんでいるようにはまったく見えなかったが、候補者や新人議員の苦しい台所事情はどこも一緒である。

ただ、今回の選挙では「先食い」の精算ができないままになった候補者がいたことである。先ほども触れた、先行離党して希望の党に合流した人々である。かれらは離党の時期によって公認料も交付金もゼロ。とにかく選挙に勝つために新しい看板を確実に得ようと、お金は捨てるとの覚悟で離党した人もいる。その後の希望の党の失速を考えると「失った二〇〇〇万円(詳細は後述)は大きい」という言葉にもうなずける。

「カネより当選」の先行離党組

二〇一七年総選挙では、候補者が納める供託金の扱いにおいても今までにはない対応が求められた。これまでは、党の公認候補者が重複立候補する場合、小選挙区分の三〇〇万円は支給される公認料等の中から個人が出し、比例代表分の三〇〇万円は政党が出す、というのが常だった。だが、民進党のままでは勝てない。共産党との共闘もまっぴらだ、といった危機感を募らせた保守系議員や候補者たちは、先行離党をする。

泥船が沈む前に海に飛び込み、新しい船に乗り換えたのだ。

離党の動きがあることは誰もがわかっていた。しかし、そのタイミングも含めて、誰がどう動くかは民進党の側では把握しきれていなかった。

「黙ってて、ごめんね」

共に闘ってきた仲間たちに対して、離党するまで自分たちの動きをはぐらかしてきたこと、もしくは嘘、というよりは正しいことを伝えてこなかったことを詫びてきた人もいた。

誰もが新しい船に乗れるわけではない。

ノアの箱舟のごとく、選ばれた者だけがそれに乗れたのである。

かれらの謝罪の裏には船に乗れない、つまりは民進党に残る人々へのいくばくかの哀れみもあった。しかし、先行離党したかれらもカネという点では賭けをしていたのだ。離党した段階では、必ず、一〇〇％勝てると踏んだ賭けだったのだろうが。

前述の通り、民進党は離党が疑われる総支部長に当座のカネを振り込まなかった。先行して離党した組は、目先のカネ、公認料などの一五〇〇万～二〇〇〇万円を捨ててでも、希望の党の公認候補となること、つまりは当選確率を選んだのだ。衆議院議員としての地位、満期の四年とは言わないが三年ほどの任期とその分の歳費等を考えれば、民進党からもらうはずだった資金はやがて取り戻せる計算が立つ。

こうして、「カネより議席」と先行離党したかれらは、まず七〇〇万円を希望の党側に納付した。一〇〇万円は共通経費、残りの六〇〇万円は小選挙区と比例代表の重複立候補に必要な供託金だ。

実はこれまで「新党」の結成を阻んできたことの一つに、この供託金の問題がある。供託金は法定得票数を満たせば戻ってくるので、自民党は両方とも党が出し、一時的にせよ候補者が供託金分を負担しなければならないということはないという。一方で新しい党を立ち上げようとすると、その分の資金をどうするかが問題となるのである。

新党さきがけや日本新党の場合は、立ち上げに関わった代表たちはみな資産家だった。ところが、その常識を日本維新の会の橋下《はしもと》徹が供託金は党から出さないとして崩していく。小池もそれを踏襲して、供託金も含めた当座の七〇〇万円を出せる人のみを公認候補者の選考にあげていくのだ。

先行離党者は、民進党から支給されるはずのカネを捨て、リスクを取って参加したことで、望み通りの選挙区ですんなりと「希望の党公認候補」となった。

ゼロから二〇〇〇万まで　資金の濃淡

一方で、意図的か否かはわからないが、最初の五〇〇万円を受けとってから離党し、希望の党に合流、公認候補となった人もいる。

加算分の一〇〇〇万円の支給が決まる前日に離党し、希望の党に行こうとしたが拒絶されたという人もいる。

そして、最終的には民進党と希望の党の合流となったがゆえに、さらにその後の希望の党の「まさかの失速」で、先行離党組の賭けの結末に濃淡が出た。

希望の党に関しては、選挙後の供託金分の返金に関する言及が曖昧だったため、候補者たちの間では返ってこないかもしれないという不安や不満が高まっていた。特に排除発言の後、希望の党の勢いが減速する中で、結局、希望の党に合流した民進党の候補者たち、つまり「党の方針に従った場合」については、前述の一五〇〇万円に加えて五〇〇万円がプラスされ、基本の資金は二〇〇〇万円となった。

選挙後に希望の党が供託金分を個々の候補者に返還しなかったとしたら、候補者を通じて、民進党の資金を希望の党へ流入させたと疑われるという懸念もあってか、最終的に供託金分は返還された。結局、この間まで同じ党で、同じような条件で活動していた候補者たちは、ゼロ、五〇〇万、一五〇〇万、二〇〇〇万、それ以上と、資金面で濃淡がある状況で選挙を闘うことになったのである。

供託金の振込みについては、民進党の総支部長経験者で、希望の党から比例代表単独候補として立候補した人も供託金を納めようと思ったが、党本部に連絡しても振込み先がわからず、選挙初日を迎えた。気がついたら、自分は比例代表候補となっていた。民進党の総支部長をしていたために、選挙資金一五〇〇万円は得ていたが、小選挙区候補にもなれず、供託金等も支出していないからか、希望の党の候補者に支給された追加分の五〇〇万円は入っていない。

比例代表の名簿順位は自分の満足のいくものではなかったが、一五〇〇万円の選挙資金はまったくの手つかず。今も通帳にそのまま残っている。

二〇一七年総選挙では、民進党側は公認料等の名目での出金はするが、立候補に至らなくてもそれを返金しなくてよいと各候補者に伝えていた。だからこそ、勝ち目のない戦に突っ込むよりは省エネ。その分の資金と英気をプールして、次の闘いや人生に備えるという選択をしたのだ。

薄っぺらな緑のタスキ

一方、党や組織からの資金的支援もなく、同じように希望の党の公認候補となった人々はどうやりくりしたのだろうか。

ある候補者は、全額貯金の切り崩しでまかなった、という。一〇月一日、候補者たちが一堂に会する場で何か質問はないかと聞かれて、供託金を除いた共通経費分の一〇〇万円は何に使うのかを具体的に教えてほしいと発言した。ギリギリの中で出したお金がむだに使われるのは我慢ならない。

これに対する回答は「共通のビラや選挙グッズに使う」というものだったという。

それなりの数が集まればスケールメリットも出るし、さぞかしいい広報物ができるのだろうと期待していたが、何も送られてこない。

選挙が間近になったある日、事務所で作業をしていると、郵便局のレターパックが届いた。何かの文書かと思って開けてみると、それまでの自分の経験では想像できないものが入っていた。

緑のタスキだ。

薄っぺらで、すぐに破れそう。まるで学芸会で使うおもちゃのようだ。なるほどこれなら、レターパックに入る。思い起こせば候補者説明会のときに「タスキは作らないでくださいね。党からプレゼントしますから」と言われたことを思い出したが、それがこれなのかと脱力した。

しかし、少なくともこのタスキはプレゼントではない。自分が払った一〇〇万円の中に含まれる経費だ。

そもそも、候補者にとってタスキは命とも言える。遠くから見ても候補者本人とわかるよう、名前は布いっぱいに大きな文字で、走っても裏返ったりしないようしっかりとした生地の、日差しにも雨にも強いよう加工されたものが好まれる。そして、着る洋服や予備的な意味も含めて色を反転したものも用意するのが常である。タスキは一本一万五〇〇〇～二万円だ。二本で四万円。「上納金」分で自分オリジナルのものを作ったほうが、よほどマシだったろう、とこの候補者はため息まじりに言う。

一〇〇万単位の出費が重なる

「公認料が出ない選挙を初めて闘った」という地方議員出身者は、選挙期間までが短かったことだけは幸いだったと言う。

選挙の定石とされる事前ポスターと呼ばれる政治活動用ポスターや事前ビラも、ウグイス嬢や運転手を選挙期間前から雇って街宣活動することも、何もかも対応できないまま選挙戦に突入したからだ。

一方で困ったのは、九月二八日までは、民進党でそのまま闘うと思っていた候補者たちだ。安倍の解散会見を受けて、すでに作成済みだった印刷物をどうするか。

一〇月一日に新聞折込みを行なう予定だった民進党機関紙の号外と選挙ビラ、選挙ハガキ、そして選挙ポスターには「民進党公認」とある。

結局、すでに印刷済みのものは廃棄、輪転機にかかっているものは中止ということになった。頭の中で計算が始まる。そのコストを考えると、頭が痛い。一〇〇万円以上のロスになるはずだ。

いくら短期決戦とはいえ、人が集まれる広い選挙事務所は必要だ。短期間だからこそ、逆に割高になったりもする。一か月だけ借りて、不動産仲介料を半額にしてもらっても、五〇万円はかかるだろう。選挙カーの運転手の労務には公費助成が出るが、ウグイス嬢は自腹で支払わなければならない。上限は一人一日一万五〇〇〇円。交代も含めて一日四人雇うと一二日間でもう七二万円だ。五〇万円、一〇〇万円単位の出費が重なれば、気をつけないとあっという間に一〇〇〇万円となる。

民進党の総支部長で活動してきたのに、希望の党で別の候補者に決まり、「転区」する候補者もいた。近隣ならばまだ対応できるが、そうでないなら短期とはいえ家を借りなければならない。ウィークリーマンションを借りたり、普通のマンションを事務所兼用にしたり、中にはホテルを宿舎にする場合もあった。移動や引っ越し費用もバカにならなかったという。

希望の党の候補者が決まると、大移動が行なわれた。

ただ、都議選のときとは明らかに空気が違う。都民ファーストの会の立ち上げから見てきた関係者は、最終的な候補者リストを見て驚いた。

確かにタスキも自分で作れなさそうな、素人が並んでいた。

みすみす敵に塩を送るようなものではないか。

希望の党は『きれいどころ』を揃えてます」

希望の党からの排除リストが飛び交いだした頃から、候補者たちが命乞いを始めたことは第1章でも述べた。決定権を持つであろう人へのアクセスは、生き残りのためには必要なこととされた。

私自身は、周囲が気を遣ってくれ、さまざまに力を尽くしてくれていたことには感謝している。

こういうときにこそ人の信頼が見える。一方で、こんなときに自分の命乞いのために連絡をするのは無作法と思っていた。希望の党の関係者に状況を確認する電話をしたのはただ一度だけである。

「『きれいどころ』を揃えてます」とは、そのときに言われた言葉だ。

「東京は小池がすべて取ると言っていますから、民進党系は無理ですよ。希望の党の候補者は『きれいどころ』を揃えてます。転区を希望するなら、喜んで紹介します。女性候補が足りないので」

置屋でもあるまいしと呆れる一方で、なるほどかれらはこうやって東京都議選を勝ってきたのだと思った。その「きれいどころ」の女性候補者たちが当選したとして、その後どのような政治をしていくのかについては、ほとんど考慮されていないのである。当の候補者はもちろん、有権者もずいぶんなめられたものである。

周知のように、女性議員は一向に増えていない。詳しくは第3章で触れるが、二〇〇九年の政権交代時、民主党では、新人女性議員が二六人誕生した。しかし、二〇一二年の再政権交代選挙では全滅。二〇一四年にはただ一人、山尾志桜里だけが生き残った。

二〇一八年四月、国会議員の資産報告が公表され、女性議員の平均資産は一一四四万円で、男性の三〇八九万円を大きく下回っていることが指摘された。

政治の世界で女性が活動を続けていくことの困難は、こうした数字にも現れている。選挙に挑戦したい女性は決して少なくないと思う。しかしながら、彼女たちが活動を継続することができる環境は十分ではない。

民進党には女性議員を増やすための制度があった。国政選挙に初挑戦する女性候補に二〇〇万円を支給、地方議員にも門戸を開き、それぞれの挑戦する選挙の供託金相当分程度を授与するという制度だ。私も二〇〇九年の選挙のときは利用させてもらった。この制度のいいところは、使途を限らないという点だ。ベビーシッター代に使おうがかまわない。実は選挙費用よりも、生活上のさまざまな細かい出費の積算が、女性議員を金銭的に追いつめてきたという実感のもとにつくられていて、この制度によって多くの女性議員が生みだされたのだ。

私がこの資金を受けとったときは現職の県議会議員だった。毎月報酬が出ていて、政務活動費も使えたが、それでも衆議院戦を闘うことを前提に事務所を回していくのは大変だった。

そして現在。浪人生活も六年目になると、当然だが財政の逼迫度は違う。こうした窮状を訴えて、間に浪人生活が入る元職の女性議員や家事や育児と両立している女性議員には半額の一〇〇万円を支給するシステムを構築してもらった。使途については政治活動に限るとされたが、それでも十分ありがたい。

ただ、その交渉の過程でつくづく感じたのは、男女共同参画関連の担当やその予算を決める政治家に理解がないと、むしろモラルハラスメント的な悲しい思いをするということだ。

この制度をつくってくれた担当国会議員たち、そして私も党を離れた。というよりも、そもそも党がもうなくなっている。しかし、制度の前例は残り、次なる挑戦者を後押ししてくれるものと信じている。

女性の候補者のリクルートと教育システムはもちろんのこと、経済的・物理的支援体制をどうつくっていくのか。政党はもっと真剣に取り組むべきである。

2　候補者の値段

草の根政治献金の萌芽

二〇一七年の総選挙は、誰もが予想していなかった、候補者たちの資金計画もリセットしてしまう勢いを持っていた。

しかしその一方で驚いたのは、ＳＮＳで選挙支援の献金を呼びかけたところ、短期間で予想以上の額が集まったことである。

政治活動や選挙にかかる費用にいつも頭を悩ませているが、もしかするとそうした状況も含め有権者とシェアすることで、次なる一歩が開けるかもしれない、ということを学んだと思っている。

結局、「候補者の誕生」も「候補者の闘争」も、それを可能とする一つの大きなファクターは資金である。

そして、選挙時の交付金を含めた政治資金の内情を書いたのも、この選挙でこうした資金の使い方がされたことがはたして正しかったのかどうかという疑問を持っているからだ。

民進党から公認料が支給されたのは助かったが、立憲民主党の候補として立候補する以上は、民進党からというのはやはり筋違いだ。しかし、公認料が出たときには民進党の総支部長だったのだから……などと考えていくと、結局そうした言い訳ができる状態にあったことこそが、二〇一七年の選挙がいかに「異端」「異次元」だったかを示していることに気づく。

企業団体献金と政党交付金

一九九四年、政党助成法が制定され、斡旋、利得、談合など政治家と企業の癒着構造を断ち切るために「企業団体献金の禁止」を前提として、政党には、国民一人あたり年間二五〇円を負担する計算で所属国会議員数と選挙の得票数に応じて交付金が支給されることになった。

この変化が有為の人材が政治に参入することのハードルを下げ、一方では口利き、利益誘導に象徴される古い政治文化を克服するうえで大きな一助となっていることは事実だ。

しかし、二〇年以上たった今も企業団体献金の禁止は実現していない。それを二〇〇九年政権交代のマニフェストに掲げた民主党すら、翌年にはあっさりと事実上の撤回をした。

民主党政権下ではいったん停止されていた、経団連による政治献金の呼びかけも自民党の政権復帰とともに再開されている。

一方で企業献金といっても、中小零細企業の経営者である後援者と大企業とでは献金意図はまったく違うことも実感する。

政党交付金は、本来はその年に使い切らなければ返還することになるが、ここにも政務活動費と同じように例外があり、基金の名のもとに貯金ができるようになっている。

私は、現職の衆議院議員だったときには、党の会議では「企業団体献金は禁止するべき」と発言をしてきたし、また余剰金は基金に積むのではなく返還することが、この法律ができた趣旨に基づくものであると思う。

しかし、なかなかそういう声は内部からはあがらない。

いま一度、政党助成法の「目的」を読んでみよう。

第一条　この法律は、議会制民主政治における政党の機能の重要性にかんがみ、国が政党に対し政党交付金による助成を行うこととし、このために必要な政党の要件、政党の届出その他政党交付金の交付に関する手続を定めるとともに、その使途の報告その他必要な措置を講ずることにより、政党の政治活動の健全な発達の促進及びその公明と公正の確保を図り、もって民主政治の健全な発展に寄与することを目的とする。

政党交付金の制度が始まったことで、本当に「民主政治の健全な発展」が実現されたのであろうか。「政党の政治活動の健全な発達の促進」そして「公明と公正の確保」が図られたのだろうか。二〇年前の議論などなかったことのように過去にタイムスリップしているような気がする。政党が本当に機能しているのであれば、いま一度原点に戻って行動することが求められているのではないだろうか。でなければ、政党助成金制度など無意味なものであると、自らが言うようなものであろう。

また、政治資金規正法では、国会議員は毎年、一万円を超える支出の領収書を収支報告書に添付して総務省や都道府県選挙管理委員会に提出しなければならない。その中身は、情報公開制度に基づき公開され、ネットなどでも情報を得ることができる。

一万円以下の領収書も、それぞれの政治団体で保管し、請求があれば公開するのが原則となっている。

政治資金規正法は、公的な存在である政治家や政党のカネの使い道を透明化し、規則に従って、いいかげんな使い方ができないよう正すためにある。

まさに「規制」ではなく、「規正」となっていることは、名は体を表わしているのだ。つまり、この法律は政治資金の使い方を縛るのではなく、ルールにのっとって「正しく使われたかどうか」に関する法律なのである。

しかし、こうした報告書にも載らないカネが候補者同士や政党内で動くこともある。

有権者にきちんとチェックされているというある種の「圧」がなければ、有権者に選ばれているはずの議員が、党内外の権力に絡められ、歪んだ構造の中でその行動自体が縛られていくおそれさえ出てくるのである。

二〇一七年の総選挙の際には、そうしたことは起こらなかったといえるだろうか。

いったい自分はいくらで売られたのか

比例代表の順位は党が決める。

通常は、小選挙区で闘う者はみな、一位になる。見込まれる議席数に応じて、比例単独一位、二位を指定することもあるが、たいていは比例票の積み増しに貢献するだけの力を持っている候補者である。

二〇一七年総選挙では、あるブロックで、立候補と同時に当確がついたと言われる比例単独候補者がいた。

選挙戦中、この候補の関係者が、ブロック内の小選挙区候補者の事務所を回り、陣中見舞いを置いていった。

「封筒開けて、ケッ、一〇万円かよと思った。自分ばっかり優遇されてごめんね、文句言わないでねという口止め料だと思った。自分の上に比例単独候補がいるということは落選につながる。こっちにしたら死活問題だ。向こうにとっては、それぐらいのカネは当選すればすぐにでも回収できるだろうと計算して配ったんだと思う」

一方で、希望の党の公認を、それこそまったく活動していなかった無名の新人にとられて、立憲民主党に移ることもせず、結果的に無所属で闘ったある候補者は、選挙後しばらくしてから、騒動の中心人物に呼ばれた。久しぶりの東京、衆議院議員会館だった。

一五分も話しただろうか、封筒を渡された。断ろうかと思ったが、いったい自分たちがいくらで売られたのか知りたいとも思った。

二〇万円だった。今後、この人だけは信じないと決めた、という。

薄い封筒

こうした候補者間、もしくは政党幹部との金銭を含めたやりとりは、候補者同士の間では共有されている情報だ。このような金銭については、「選挙運動費用収支報告書」や「政治資金収支報告書」へ記載すればいい。先に述べたように情報公開の対象となっているので、どこから、誰からの金銭かというやりとりを含めて、ある程度までは有権者が読み取ることは可能である。

問題は、その記載をしていない場合である。

別のある落選者も、選挙後、衆議院議員会館で挨拶回りをしていたとき、乗っていたエレベーターに自分の公認を差配した政治家が入ってきた。自分がいったいどの選挙区になるのか、二転三転、惑わされ続けた人物だった。

降り際に「事務所に寄って」と言われた。自分の中の挨拶リストには入っていなかったが、行ってみると、特に準備をしたわけでもなく、ふだんどおりといった感じで白い封筒を手渡された。薄い。

部屋を出てトイレで確認する。案の定、五万円だった。

封筒に触っただけで、中身がわかるようになってしまった自分でも、この五万円が善意からなのか、贖罪か、それとも口止め料なのかは推し量りかねた。

確かなのは、封筒の意図がどこにあろうとその目的は達せられていない、ということだけだ。

候補者だけ、落選者だけに見える風景がある。

トイレの鏡に映る自分を見つめながら、そう実感する。

第3章

政治は常に人材を求めている
――候補者リクルーティングの実態

松下政経塾開塾の翌年、1981 年入塾の 2 期生に講義する松下幸之助。現在も研修棟円卓室に掲げられている（提供＝公益財団法人 松下政経塾）

1　人はいかにして「政治家」になるのか

政治家になるのはそれほど難しくない

政治家になりたい。国会議員になりたい。市議会議員になりたい。町長になりたい。

こう思ったときに、まず、何をしたらよいのだろうか。

実は、そう難しいことではない。

各選挙における被選挙権の年齢等の要件を満たし、供託金を納めればとりあえず立候補はできる。そもそも被選挙権は満二五歳からだから、大学新卒で政治家、というルートは一般的ではない。

ちなみに選挙に出る際のハードルとして、供託金が高すぎることがよく言われるが、町村議会など供託金のない選挙もあるので、そうした選択をすると資金はゼロでも立候補は可能だ。

いつどこで選挙があるのかは自分で調べなければならない。一般の就職のように直近の選挙の候補者の募集にあたって、就職説明会のブースがあるわけではない。

たまに政治家事務所の求人が就職雑誌に掲載されていることがある。ただそれはあくまで秘書の募集であって、政治家ではない。

しかし一方で、政党は常に人材を求めている。

この章では二〇一七年の衆議院議員総選挙、また直近の選挙でどのように候補者リクルーティングが行なわれているのかを見ていきたい。

歴史的な経緯を追っていくと、「候補者の誕生」過程にも変化が起こっていることが実感できる。

明治時代の政治家リクルーティング

日本で最初に衆議院議員選挙が行なわれた一八九〇年（明治二三年）は制限選挙だったため、直接国税を一五円以上納めた二五歳以上の男子しか投票はできなかった。その人口比は一％である。当然ながら、被選挙権も制限されていた。候補者の身分が士族か平民に限られていたのは、皇族・華族また有識者は、勅任議員として貴族院議員で選出されたからである。

一人区二一四議席、二人区四三議席の小選挙区制をとって行なわれた選挙は、記名式で氏名、住所、押印が必要とされた。

当選者三〇〇人に対して候補者は一二四三人。倍率は約四倍で、投票率は実に九三・七三％だった。

立候補者の職業で最も多かったのは農業で、寄生地主や養蚕業者が多くを占めたことは当時の時代背景を反映している。

中江兆民はじめ、選挙に立候補するために、地主に一五円の税金を肩代わりしてもらうという例もあったという。

一八九二年（明治二五年）の第二回衆議院総選挙では内務省による選挙干渉で死者まで出る事態となった。

その後、時代が大正に入ると、選挙運動のかたちに変化が出てくる。

一九一五年(大正四年)に行なわれた第一二回衆議院総選挙は、内閣総理大臣大隈重信が展望車から停車駅ごとに街頭演説を行なったり、自分で蓄音機に吹き込んだ応援演説など、はじめてパフォーマンス選挙が繰り広げられた。この背景には、大正デモクラシーの根の広がり、また地方中小都市でも普通選挙を求める市民的政治結社が立ち上がったこともあるだろう。

一九一八年(大正七年)の米騒動をきっかけに最初の政党内閣が誕生。資本主義の発展を背景に政党は勢力を広げ、新たな政治体制の模索を始めた。しかし結果的には、都市中間層・無産階級が大正デモクラシーで求めた政治的・市民的自由は、軍部主導の体制に吸収されていく。

敗戦　公職追放で三万五〇〇〇人の議員がリセット

男女普通選挙が実現し、誰でも候補者になれるようになったのは、当然ながら第二次大戦後である。

一九四六年、戦後最初の総選挙は明治憲法下で行なわれた。鳩山一郎が総理大臣に首班指名されたものの、就任直前にGHQ(連合国軍総司令部)による公職追放令で排除されたのだ。これにより、一九四二年の総選挙で大政翼賛会の推薦を受けて当選した国会議員全員をはじめ、国会、地方議会と合わせて三万五〇〇〇人近い議員がパージの対象となった。

三万五〇〇〇人！　これこそ「リセット」である。

その分だけ欠員が出て、新しい、しかもおびただしい数の人材が政治の現場に参画することが可能になったのだ。

ちなみに、一九五二年のサンフランシスコ講和条約発効により、公職追放は全面解除となったが、この間に地盤が失われていたり、代わって議席を持った新人に対抗できないなどの理由で、大政翼賛会推薦議員の復帰は二四％にとどまっている。

一九四七年、日本国憲法が施行され、男女平等のもと普通選挙が実施された。指導者層の空白は、各政党にとって死活問題だった。その欠損をパージの痛手を被らなかった官僚たちによって埋めることが現実的選択になった。

一九四八年、自由党は高級官僚二五人の入党を発表した。この中に池田勇人、佐藤栄作といったのちの総理大臣が含まれている。

また、官僚たちだけでなく、地方議員にも国政参画への道を開いた。

一方で、レッドパージの嵐は共産党への攻撃となって吹き荒れた。

共産党とは別の労働運動から総評(日本労働組合総評議会)が誕生、GHQも歓迎するものの、その動きはGHQが望んだ穏健な労働運動にはならなかったため、労働運動右派の存在が必要となり、同盟(全日本労働総同盟)に発展する。ここに総評・同盟とカテゴライズされる労働組合の二派が生まれ、共存しながら定着していく。

敗戦による公職追放令、レッドパージなど、戦後の占領政策下で行なわれたことが、「候補者の誕生」に大きな影響を与え、今日に至るまで政治人材確保の基礎となっているのだ。

リクルーティングにとって最も大きな環境変化は前任者がいなくなることである。

五五年体制での候補者たち

一九五五年、左右に分裂していた社会党が再統一し、また保守合同によって自由民主党が誕生して、いわゆる五五年体制が始まった。冷戦をベースとした五五年体制の中では、与野党それぞれに候補者として集まる人材は違っていた。

自民党は官僚、二世、地方議員、秘書、一方で社会党、民社党、共産党では党役員や機関紙の記者といった党内別部署での「待機人材」が、組織の中から「候補者」として誕生していく。

特に野党側は落選の危機を抱える蓋然性が高くなるから、復職可能な職業的状況が立候補の前提として確保されていたと言えるだろう。

自民党は世襲、もしくは秘書が後継となることが多かった。長く国会議員の秘書を務めてから地方議員となって、さらに自分が仕えた国会議員に滅私奉公を続けたうえで、オヤジが死に、ようやく自分に順番が回ってくるかと思えば、政治には興味がないと言っていた子どもが、他の秘書や後援会幹部に担がれて分裂選挙に突入、という話もままある。中川一郎の場合は一九八三年、長男昭一と秘書の鈴木宗男の双方が「後継」を名乗った。また、全国的にも有名となった園田直《すなお》氏の場合は、一九八四年、長男博之と後々妻の天光光が争うこととなった。

一方、第二次安倍政権以降で官房長官を務める菅義偉《よしひで》は、小此木彦三郎の秘書として早々に頭角を現わしていたが、決して後継である三男の八郎を越えて衆議院議員になろうという素振りは見せず横浜市議会議員となった。しかし、小選挙区制の導入で小此木彦三郎の地盤が割れることになった。これが中選挙区制のままであれば、菅は今も市議会議員のままだったかもしれない。

秘書から代議士へ　典型的なパターン

『票田のトラクター』（ケニー鍋島・作、前川つかさ・画）という漫画がある。

一九八八年から二〇〇三年まで三シリーズが小学館発行の雑誌に掲載されていた。原作者のケニー鍋島は小沢一郎に近い政治ジャーナリストである。臨場感溢れる人物描写や舞台設定は、ほぼ現実の政治、政治家と等身大だ。

主人公である筒井五輪は、東京オリンピックの開催された一九六四年、印刷業を営む家庭の次男として生まれる。同年には東海道新幹線が開通、この年生まれには「幹男」や「幹子」という名前を持った子どももいる。右肩上がりの成長の中で、子どもたちの未来を担保してくれるのが東京オリンピックであり、新幹線だったのだろう。

筒井五輪は東京の三流大学を卒業後、ブラブラしていたが、大物政治家の後援会役員を務める父親の勧めで政治家事務所に入る。

まず、この印刷業者という設定が秀逸である。インターネットが普及する前の政治現場では、政治家と印刷業者の関係は他とは大きく違うのである。

ポスター、チラシ、名刺ほか、政治家にとってまさに命ともいえる媒体を作る印刷業者は身内感覚であり、時には汚れ役となって、怪文書などの印刷も行なうわけだ。

印刷業者にとっても政治家は定期収入先として大切である。

そうした後援会の役員や出入り業者、親戚など、関係筋のブラブラしている子どもが政治家の事務所に秘書として採用されることは多い。政治家にも、子どもを送り込んでくる人々にも人間関係、ひいては利権関係の担保になるからである。宗教団体の地元幹部の子ども、というのもめずらしくない。いずれにせよ、小選挙区制導入前後までは、秘書採用と利権や票は結びついていることが多かった。

『票田のトラクター』の五輪は稲山一郎代議士の第一秘書となる。そして、民自党の大分裂・政界再編を成し遂げながらも、病に倒れ引退した稲山に代わって衆議院議員になる、というのがストーリーである。

五輪のように秘書から直接、衆議院議員となるケースは多数派ではないが、地方議会選挙で陣営に欠員が出た場合、真っ先に名前があがるのは秘書たちである。秘書の側も、いつまでも秘書ではなく、議員として独立する気持で地元を回らなければ、日常活動の成果はあがらない。秘書が独立して選挙に出ることは、たとえて言うならば暖簾《のれん》分けやフランチャイズのようなものである。

秘書経験者たちはこうして、国会議員の傘のもと、支援と引き換えにその手足として働くことを半ば暗黙の了解として、市区町村議会議員や都道府県議会議員に挑戦していく。

「裏切らない集団」の醸成過程を見るに、法務大臣を務めた長勢《ながせ》甚遠《じんえん》の記録は示唆的である。長勢は引退後、自らと選挙の関係を「若い頃の選挙に関わる思い出」(『甚遠のおもしろ草子』)としてまとめている。

一九四三年生まれの長勢世代にとって、政治家の名前は親の会話に頻繁に出てきて、時には夫婦げんかの種ともなった。炊き出しや選挙運動そのものにかり出されることが日常茶飯事で、選挙を通じて得られた政治家との接点は、その後の人生をも変えうるものだった。

コネや口利きといったことがあたりまえだった時代に、そこに金銭的なやりとりがなくても後ろ盾としての政治家が機能し、人と人、人と仕事を結びつける接点ともなっていた。政治家側からは後継者や地元を耕す地方議員候補の人材を発掘する貴重な時間になり、双方にとってマッチングの場ともなっていたのである。

また選挙を運動員の立場から経験することは、政治への関心の芽生えと継続を意味する。都市住民が増えることで、こうした選挙の実働部隊としての経験をする若者の数はグンと減る。政治に対する無関心と反比例しながら。

国会議員としては、秘書が地方議員に当選すれば、同じような仕事内容で、しかも無給で働く秘書がもう一人確保できるようなものだ。当然、資金、名簿など立候補に必要なことをサポートする。

選挙に強い政治家は、選挙区内で地方議会選挙がある場合は、より多くの秘書の擁立を画策する。こうした裏切らない集団を作ることが、自らの地盤を盤石にすることを知っているからである。

五五年体制の崩壊とリクルートシステム

五五年体制が崩壊する過程と、候補者人材の確保は相関関係にある。

一九九三年六月一八日、宮沢喜一内閣不信任決議案に自民党からも賛成票が投じられた。自民党を離党した武村正義らは「新党さきがけ」を、小沢一郎、羽田孜らは「新生党」を立ち上げ、総選挙に向かっていった。

これにより前年に結成された「日本新党」を含め、各新党では候補者となる人材が広く求められることになる。

ヒエラルキーが固定化し、このままでは選挙に出ることができなかった自民党所属の地方議員が離党して新党に参加するケースも増えた。

一部の人々にとっては、自民党内の派閥で争われてきたことが「党」という受け皿に代わっただけとも言えるかもしれない。

が、これまで、国会議員に挑戦できる暗黙の要件とされていた二世、秘書、地方議員、官僚といった定番コース以外でも公募により「直衆」(直接、衆議院に挑戦できること)できる環境が新党にはあった。

こうして一九九三年、最後の中選挙区選挙では新しい候補者が続々と登場した。この当選者たちは一九九八年のいわゆる金融国会で金融機関の破綻処理をめぐる与野党協議で中心的な役割を果たした。新党の誕生は、金融再生法の成立に貢献した枝野幸男ら「政策新人類」と呼ばれる人材を生み出し、日本の政治に新たな風をまき起こした。安倍晋三、野田聖子、前原誠司らも同期当選である。

日本の政治が転換する夜と朝を、選挙を通じて、かれらは体験したのである。

人材育成システムとしての「塾」

五五年体制の崩壊は、これまで自民党と野党では候補者として重なり合わなかった「求める人材像」がほぼ同一となる現象をもたらす。

選挙は否応なしにやってくるから、それまでにある程度の人材を選抜しておかなければならない。しかし、当然ながら、まったく背景のわからない人を公認することは、新党とてできない。

そこで、有力な人材の供給源となったのは「松下政経塾」だった。

松下政経塾とは、一九七九年、政治人材等を育てるという目的で、松下電器(現・パナソニック)創業者の松下幸之助が私財七〇億円を投じて設立した財団法人(現・公益財団法人)である。

第一期生の募集には、全国から九〇六人の応募者があり、最終的には二一人が入塾した。国に経営感覚がないことを指摘し、無税国家を目指すべきとした松下は、その根本原因を、世襲などで硬直化しリーダーシップに欠如した政治人材に見たのだ。

松下が全員の最終面接を行なった塾生たちは入塾後、五年(当時)の研修を受けるのだが、その間は研修資金が支給される。

政経塾の基本方針は、座学以上に現場を知るべきとされ、カリキュラムには松下電器の工場やショップ店での労働体験や、岩手県の雪山でテントを張り、チョコレートやビスケットを持参して二泊三日を過ごす越冬体験、三浦海岸を一周する一〇〇キロ歩行、自衛隊研修などもある。

開塾当時の一九八〇年代初頭は、確かにどんなに勉強したとしてもコネクションのない若者が政治家になるのは難しかった。

松下政経塾に入るメリットの一つは、当然ながら、松下幸之助という後ろ盾を得ることである。政治家に必要とされる地盤・看板・カバンのうち、政経塾という「看板」を立てることを模索するが、当初は県議会議員一人を出すのがやっとだった。しかしその後、都議選、県議選などでようやく議員が誕生する流れが生まれてきた。

転換点は日本新党結成

その後の大きな転換点は一九九二年の日本新党の結成である。代表の細川護熙が政経塾に来て、塾生を貸してほしいと依頼し、政経塾出身者がスタッフまたは候補者として選挙の中心に入っていった。一九九四年の第四〇回衆議院総選挙では、日本新党から野田佳彦、前原誠司、伊藤達也などのちに総理大臣や閣僚を務める政治家が七人、新党さきがけでも一人が初当選し、無所属として当選した玄葉光一郎がのちに合流している。

政経塾出身者から国会議員が出てくると、そこから国政選挙、地方選挙の候補者をリクルートするシステムが確立していく。

候補者側からすると、政党の選対に知り合いがいるということは、それがない者よりは圧倒的優位に立てるのだ。新党側にとっても政経塾に人材を求めることは、さまざまな事項を確認する手間が省け、物理的なコストがかからないという意味で好都合だった。

日本において、松下政経塾型の政治家養成塾はほかに見当たらない。「女性のための政治スクール」や「小沢一郎政治塾」とも違う。二四時間三六五日、政治や選挙のことばかりを考えている若者たちは、奇異ともいえるが。

こうして松下政経塾はほかにライバルもなく、実際に政治家の供給源としては唯一の存在として、現在に至るまで機能していくことになる。

ただし、政経塾は二〇一九年に四〇周年を迎えるが、年々応募者は減っている。いまや全寮制で四年の研修期間を経ずとも、公募その他で選挙にアクセスできる方法が増えたことも一因だろう。

松下政経塾出身者が国政、地方政治の場に進出してくると、各政党、各県連でもいわゆる「政治スクール」が開かれるようになる。

××政治スクール、◎◎党政治塾、△県連政経塾といったように、主催者である政党や県連の名前を冠した政治スクールは、政党の公募の予備校的位置づけになる。

ただしその多くは、人材を育てるという側面よりも人材発掘に力点が置かれており、また研修といっても単発だったり月に数回を一年間といったもので、国政を目指す人材にはなかなか参加しづらい面もある。地方議員等の交流の場にしかなっていないかもしれない。

個人が政治塾を主宰し、継続的に人材育成を行なっている例としては、円《まどか》より子の「女性のための政治スクール」、小沢一郎の「小沢一郎政治塾」があげられるだろう。

一九九三年にスタートした女性のための政治スクールは二〇一八年で二五年を迎え、この間、国会議員八人、地方自治体議員一〇〇人近くを誕生させている。

一方、一九九九年に設立された小沢一郎政治塾では二〇歳以上の男女で、原則三五歳以下の日本国民を対象に、毎年三〇人を定員としており、各研修に要する講義会場までの往復の交通費と四万円程度の合宿費等の実費は本人負担となる。この塾からは、二〇〇九年の政権交代選挙において、比例代表単独候補の八人が議席を得た。

「うどん屋ができるか?」松下幸之助の問い

松下幸之助はある日、政経塾の塾生に「うどん屋ができるか?」と問いかけたことがあるという。「うどん屋をやりたい」という志を立てても、具体的にうどん屋を経営していくにはさまざまな関門がある。うどんをこねる技術、もしくは人を雇うコスト、原価コスト、どこに出店するかという立地の問題もある。近くに競合店があるかどうか、また新規でお客を確保するためには広告ビラをまいたり、時には鳴り物や皿回しをしてでも注目してもらうことが必要かもしれない。何より初期投資の資金が必要だ。

そう考えると二世、三世議員とは、すでに繁盛している老舗うどん屋の事業継承者と見ることができる。先代の信用で顧客を受け継ぎ、その資源を有効かつ効率的に運用するためには、先代とまったく関わりのない人では座りが悪い。子どもか弟子か。これまで努力して、事業を大きくしてきたのは創業家だ。まずは創業家に継承するかしないかの判断が委ねられる。創業者一家が断って初めて従業員に権利は回ってくる、というように。

大物議員の事務所はすでにそこそこの企業体となっているケースも多い。従業員らの雇用も含め、創業者が亡くなっても大株主である家族以外に事務所を渡すのは現実的にとても大変なことだ。松下はそれを代替する機能として政経塾をつくったとも言える。

松下ほどの財力があれば、政党をつくることも可能だっただろう。しかしその選択はしなかった。政経塾の特筆すべき点は、実は日本共産党以外の大きな政党すべてに人材を供給している、ということである。自民党、旧民主党をはじめ、旧社会党や旧民社党、公明党まで、実は幅広い人材供給源となってきているのだ。

機会創出としての公募とその功罪

日本で政党が候補者の公募を行なったのは、一九九二年の日本新党が最初といわれるが、これは小選挙区制導入の歩みと重なる。つまり、政治家の汚職、スキャンダルが極まった時代である。自民党とて、いや自民党だからこそ、今までのような二世や談合・汚職に絡んでいそうな経歴を持つ候補者では、他党が擁立してくる、たとえば海外の大学院を出たり、弁護士資格を持っている若い候補者に太刀打ちできない。

こうして自民党も公募を行なうことになる。第4章で詳しく見るが、中選挙区制を牽引してきた派閥の解消と公募はセットで考えられていたのだ。

派閥を解体するには、候補者を選ぶ権限を党本部に集中しなければならない。その結果、権力の集中が起こる。

これが、二〇一八年現在われわれが直面している自民党内の「総裁一強多弱」を作り上げる基礎となっている。

実は、日本新党以前に最も真剣に公募を検討したのは自民党だった。候補者選出の過程を透明化することや、現職も含めた候補者選出のための「予備選挙」の導入が提唱された。しかし、反発が強く、そのときは道半ばで挫折している。

いずれにせよ、どの党にとっても、公募は選挙に勝つための多様な人材を、多方面から探すことでよりよい候補者を集める際に重要であるのみならず、公党自身がそうした努力を行なっているという姿勢を有権者やメディアに示す、いわば広報活動でもあったのだ。

結果として、二〇〇五年郵政選挙では自民党、二〇〇九年政権交代選挙では民主党(当時)で多数の公募候補が当選に至った。が、当選後、議員としての仕事の内容すら理解していなかったり、スキャンダルや失言騒ぎを起こすなど、そもそもの資質に疑問符がつく議員が少なからず出てきたことが問題となった。しかし毎年のように公募を行なえば、当然ながらほしい人材も底をついてくる。

一方、二世、三世を後継にしたい現職議員は、解散直前まで引退宣言をせず、欠員に対する公募を行なう時間的余裕をなくす戦略に出る。

こうした事態に頭を抱えた政党は、公募という形態をとりながらも、旧来型の地盤・カバン・看板型の候補者、つまり二世や政治家の縁戚・知人といった党や幹部の思惑が色濃く反映した候補者を恣意的に決めるという、本音と建前を使い分け始めている。

橋下徹による「政治塾」というビジネスモデル

公募という手法が手詰まり感を見せる中で、二〇一二年、大阪維新の会が「維新政治塾」を立ち上げた。維新の会への応募は無料だが、塾の参加には受講料がいる。二〇一二年度は年間一二万円と高額だったが、三三二六人もの応募があり、組織にとっては大事な活動資金の確保が見込めるものになった。

資金がなくとも、政党がつくれる。「政治塾」というビジネスモデルとともに、これまでの供託金などは党が用意するのがあたりまえとされてきたことを、橋下は原則自前でできる候補者に限ることで、カネの問題をなんなく乗り越えていった。

維新塾への参加希望者が定員を大幅に上回ったことで、当初予定していた面接での受講者の絞り込みなどは行なわず、書類選考でできる限り多くの参加者が受講できるよう方針を固めた。

維新塾の応募者の中には民主党の現職国会議員も含まれていたが、基本的に現職国会議員の受講は不可となった。

一方で、民主党側もこうした行為に対して警戒を強め、国会議員、地方議員の維新塾への応募がわかると、県連の役職停止処分等を行なった。

維新塾の一期生からは一一人の衆議院議員を輩出するなど、成果があがっている。

二〇一四年度は第二期として、大阪維新の会が母体となって設立した国政政党「日本維新の会」により次期総選挙に向け、近畿地区の候補者を発掘する意図をもって行なわれた。

この「近畿ブロック維新政治塾」では三〇〇人が目標だったが、応募者は一〇〇人程度にとどまった。第三期、第四期とも退潮傾向は明らかで、党の勢いが、そのまま応募者数に反映されているとも言える。

橋下の登場、そして政治塾を活用して新たな支持基盤を広げていこうという手法は、後述する小池百合子の「希望の塾」で再活用されている。

橋下が向かった既得権益のターゲットは、時の権力ではなかった。公務員組合や一部の弱者層を強者と偽装するかのような手法であったが、橋下の「タブーに斬り込む」と見える姿勢に多くの人々が期待を寄せた。

橋下の登場と、さまざまな「橋下改革」は、公務員系労働組合の選挙対策にも大きな影響を及ぼした。それまで、選挙となれば労働組合は、選対を独自に立ち上げ、人とモノの集中投下を行なってきたが、批判を恐れ、身動きが取れなくなった。活動のどこまでが是とされるのかという線引きも含めて組合側が慎重になった結果、これまでと同様の活動ができなくなったのだ。労組の活動の絶対量が低下したことは、政治塾とともに橋下によってもたらされた大きな変化であり、民主党や民進党の敗北に直接的・間接的につながることでもあった。

小池「希望の塾」が稼ぎ出した資金

二〇一六年、東京都知事に当選した小池百合子は橋下の例にならい、政治塾「希望の塾」を立ち上げた。四八二七人が応募、二九〇二人が入塾した。

入塾者の年齢ほかの内訳は公表されていないが、約四割が女性だったことは公表されている。これからみて、約二割を二五歳以下と想定して、男性五万、女性四万、学生三万の受講料を計算すると、一億四〇〇〇万円超がこの塾の収入となる。運営費等を除いてもゆうに一億円の資金は確保できた計算になる。

希望の塾には維新塾などとは違い、自民党・民進党などの政党所属の現職議員・政治活動者もいた。

「現職で、今さら〝塾〟か」「お金払ってまで?」という疑問の声も聞こえたが、参加者には「(来年の都議選ほかで)相手候補を立てられたくないから」とはっきり言う人もいた。

塾に参加したぐらいで、相手候補を立てない担保にはならないだろう。しかし、自分の所属している党や無所属のままでは都議選当選に必要な票の積み上げが期待できなかったり、上がつかえていて立候補そのものができない状況の候補者にとっては、その不安や不満が希望と変わりうるかもしれないという期待を持たせる装置になっていたのだ。

選挙のときのプロフィールに「希望の塾塾生」と書くだけで、票の上積みができそうだ――。こういう心理を芽生えさせることができたら、政治塾の広報宣伝としては大成功だと言えよう。

希望の塾は、そうした候補者心理を巧みに読む。

「セレクト」がある、ということは人の心理に大いなる影響を及ぼす。「合格通知」が届いたときの高揚感。テレビの報道でその瞬間が映し出されていたが、今まで政治と関わりがなかった人々が選ばれていく過程は、選挙の際のストーリーとして必要なものだった。

応募者の一人は「必死で入塾動機や都政に対する思いを書いて出願、合格通知が来たときは正直、ものすごくうれしかった！　四〇〇〇人から一〇〇〇人ぐらいが選ばれたと思っていたから。それが三〇〇〇人近くと知ってがっかりしたけど、まあお金も振り込んだし、何をやるのか見てこようと思います」と語っていた。

人はお金をつぎ込めば、その組織や事柄を否定できなくなるものだ。

維新塾の先例にならえば、「次なるセレクト」が行なわれたとき、つまり、塾生を絞り込んだり、具体的に候補者選定をし始めたときから、急速に求心力は落ち始める。当然ながら選ばれない数のほうが圧倒的になるので、そうなると今度はそれまで愛着を持っていた分、反発が大きくなる。

こうした政治塾が、継続的に塾生をほぼ減らさず、真の目的である政治の質の向上に資する人材の育成や、底上げにつなげていけるか否か。「政治塾」というビジネスモデルの今後の展開は大いに気になるところだ。

選考基準は「勝てるか否か」

希望の塾から都議選の候補者選びが具体的に動き出す。二九〇二人が入塾したというが、この数は政治関係者にとって目新しいものではない。

民主党も国政候補とはいえ政権交代前の二〇〇八年の公募で一三〇〇人あまり、政権交代後の二〇〇九年一一月に実施した公募には一か月あまりで一九八二人(男性一六五三人、女性三二九人)の応募があったと発表している。

「政治に挑戦したい」という人は一定数いるのである。

しかし民主党政権当時は、政党が公募的側面を持った政治塾を主宰し、受講料を取るという発想はなかった。もし、民主党がそれをやったら批判を浴びたことだろう。

希望の塾のセレクトには二つの新しさがある。

まずは試験内容だ。筆記試験と論文。

今まで公募で筆記試験を課す政党などはなかったはずだ。なぜならば、それを学歴で推し量ってきたからだ。

論文については、公募に申し込む際に、応募書類とともにある課題に対して二〇〇〇字程度の論説を書き、添付することをどの党でも求めている。

定型の作文ができるかどうか、記述内容が主題から逸脱していないか、知識量や提言力等々も推し量ることができるが、試験会場で書かれた二〇〇〇人以上の論文を採点するとなると、かなり大変だ。結局表面的な評価にとどまり、差がつきにくくなって審査官の主観に左右される恐れもある。

もう一つの、希望の党の新しさは、「現職にも同じ課題を課した」という点だろう。

ただ、過去にさまざまな候補者選考の審査員として関わってきた私自身の経験からいうと、現職もしくは元職の議員については、筆記試験や論文よりもその議員の資質をより正確に測るメルクマールがある。

「政治資金収支報告書」そして政務活動費の使い方とその記録・報告である。

議員としてどんな活動をしてきたかは、それらを見れば実は一目瞭然だ。加えて重要なのは提出日だ。提出期限に遅れていたり、そもそも出していないといったことも含めて、仕事ぶりは推測できる。

ほかにもホームページやビラ、SNSでの情報発信の蓄積など、「合わせ技」で見れば、だいたいその議員の資質や素行は見えてくるものだ。

しかし、都議選も含めて、希望の党で問われたのは、政治家の資質や地道な活動よりも「勝てるか否か」だった。

「結局は、都議選で候補者たちの姿がメディアなどに露出したことが、国政での候補者への支持にはつながらなかった。今まで政治に関わってこなかったという新鮮さは、都議選ではいいが、国政でも同じような候補者では頼りなさ過ぎると映った。二〇一七年総選挙の敗北は都議選の大勝にも原因があると思います」(希望の党関係者)

若狭勝　輝照塾の失敗

一方、二〇一七年八月七日、若狭勝は都民ファーストの会の勢いを背に受け、政治団体「日本ファーストの会」で輝照塾を立ち上げることを発表する。九月一六日、輝照塾は開校し、翌一〇月にも新党を立ち上げるとした。

同日の毎日新聞の記事を見てみよう。

見出しは「輝照塾　国政見据え『若狭塾』開講　一〇月にも新党」だ。

小池知事の関与が焦点に

東京都の小池百合子知事に近い若狭勝衆院議員は一六日、都内で政治塾「輝照塾」を開講し、約二〇〇人の塾生が参加した。細野豪志元環境相らと来月にも新党を結成する方針を固めており、次期衆院選で立てる候補者を育てる狙いだ。小池氏がどの程度関与するかが、新党の浮沈のカギを握りそうだ。

「アベノミクスでGDP（国内総生産）はたらたら成長しているが、希望につながっていない」。初回講師として招かれた小池氏は、政治の閉塞感を指摘し、「国政をしっかり学び、しがらみのない政治を進めてほしい」と塾生にエールを送った。若狭氏は記者団に「知事にはいろんな教示をいただき、連携したい」と語った。

若狭、細野両氏は、小池氏の後押しを期待しながら、新党に向けた協議を進めている。一一日夜には三者で会談して連携をアピール。七月の東京都議選の圧勝後も、人気が続く小池氏を新党の「後見人」にしたい思惑は明らかだ。

ただ、小池氏は一五日の記者会見で「（国政は）若狭さんに任せている」と述べ、一歩引いた姿勢を示した。新党を支援しないのかとの問いかけには「新党というか、改革への支援だ」と応じた。塾への講師は今回が最後で、若狭氏の政治団体「日本ファーストの会」の役職にも就かない意向を示している。

小池氏は現在、都政に専念せざるをえない状況にある。将来は「国政に戻り、首相を目指すつもりだ」（自民党国会議員）との見立てもあるが、二〇二〇年東京五輪準備など都政で成果を上げなければ、目指す「首相」への道は開けないからだ。「現在は距離を置き、うまくいけば新党に飛び乗るつもりだ」（自民幹部）との声も漏れる。（毎日新聞、二〇一七年九月一六日付）

そして、若狭は実は「塾」を開講したこの時期、候補者となりうる人たちには、「内定」を出していたという。かれらは、最終的には民進党との調整交渉のコマとして使われることになる。

時が進んで結果がわかってから見ても、若狭、細野といった当時のキーパーソンらが、どのような「絵」を描いていたのかがわからない。塾にしても党にしても、主宰者側に政治人材のリクルートシステムのノウハウが十分になかったことが、候補者調整を混乱させ、結果的には合流の成果も得られないことにつながった。

輝照塾の失敗こそ、希望の党を失速させた一因であろう。

比例単独候補という存在

選挙のたびに、何の準備もなく、大した活動もしているようには見えず、比例名簿に名前を登載されただけで国会議員に当選する人々のことが話題になる。二〇〇五年の総選挙で自民党の比例南関東ブロック三五位で当選、衆議院議員を一期務めた杉村太蔵はその代表的存在とされる。

通常、比例代表の名簿順は、他党や無所属候補と合流するなどで、現職同士が同選挙区となった場合に、一方が小選挙区候補となるかわりに、もう一方が比例上位となり、選挙ごとに入れ替えて小選挙区を闘う「コスタリカ方式」で利用される以外は、通常は小選挙区の候補者が同率で同順位となり、小選挙区当選者に比して何票を取ったかを比較した数値である「惜敗率」で比例復活を目指すことになる。

この方式をとると、たとえば比例代表ブロックで重複している小選挙区候補者が小選挙区もしくは比例区で当選したのち、下位にいる比例単独候補が繰り上がり当選する。実際に何位までが当選圏内かは事前に推し量ることは難しい。そのため、候補者になるために現在の仕事を辞める必要がない党職員や県連職員が万が一のため名簿に記載される。

名簿の順位については、公示の朝まで、党内の責任者がほぼ独断で決定していくことになる。実際、杉村が当選した郵政選挙では、同じ南関東ブロックでは自民党の神奈川県連事務局長も当選している。

二〇〇九年、民主党が大勝し、政権交代が起こった選挙では、比例名簿には小沢一郎政治塾出身者が多く記載された。そうなったのはもちろん小沢が決定権を持っていたからである。

比例単独の順位は「ブラックボックス」

一方で、二〇一七年の自民党比例中国ブロック一七位で当選した杉田水脈《みお》のように、他党出身ではあるが組織票や、支持層が見込まれる候補者を比例優遇する、といったこともある。

しかし、杉田のケースでも順位についてはブロック内の有力政治家にも知らされていなかったという。このように、選挙という混乱の中で、誰がどういった理由で決めているのかは、必ずしも明らかではない。

比例単独候補の名簿順位に関して、与野党の一〇人の国会議員にその決定過程を知っているかと聞いたが、候補者決定過程と同様に、全員が同じ答えを返してきた。

「ブラックボックス」

選挙戦略上の「サプライズ候補」という場合もないわけではないが、大抵は急場しのぎ、その場しのぎでの擁立となっているのだ。

本来は政党が選挙の前に急遽候補者を募るのではなくて、じっくりと選び、育てていく環境が必要だが、衆議院はいつ解散になるかもわからず、人材を抱えていくにはコストがかかる。

結局は明日立候補でき、落選しても経済的に困らない候補者を急遽作り上げなければならないということなのだ。

比例代表の順位については、現在行なわれているような「小選挙区候補同順位」といった使い方ではなく、党の個性や政策を前面に出した展開が可能である。

たとえば、沖縄政策が大事であるという党ならば、九州・沖縄ブロックでは沖縄の候補を一位にする。女性議員の数を増やすことを目指すのであれば、女性候補をどのブロックでも比例一位に据える。大物や二世の牙城を崩すためには、今期と来期の二期連続で比例優遇することを条件に、挑戦者を募る等々。

むしろ、そうした使い方が比例代表の本来のあり方である。

しかし現職議員らの抵抗は強い。比例復活の可能性をなるべく保持していたいからだ。

とはいえ、一方では、当選確率が読めない下位候補に関しては穴埋めのように名簿記載がされ、運良く当選しても十分な仕事ができないまま任期を終える例が見受けられる。半ば盲腸のような存在になっている比例代表候補の擁立過程については、メディアや国民ももう少し関心を持たなければならないのではないだろうか。

2　なぜ女性議員は少ないのか　ジェンダーから見た候補者

女性候補が育たないわけ

一九四六年四月一〇日。戦後初の総選挙が行なわれ、三九人の女性議員が誕生した。婦人参政権が初めて認められ、女性にも投票だけでなく立候補することが可能になったのだ。

それから七〇年が過ぎたが、相変わらず女性衆議院議員比率は一割、参議院議員では二割とほぼ変わらない。ジェンダーギャップ指数では日本は一四四か国中一一四位と低迷している。

投票数では人口比で多い女性のほうが上回る状態であり、投票率でも拮抗した状態が続くにもかかわらず、被選挙権の行使と議席では男性との大きな差が埋められずにいることには、どういった理由があるのだろうか。

政治の周辺に女性がいなかったわけではない。むしろ常に女性はいる。選挙で活躍するのは政治家の妻や母である。候補者にしても、平成初めには「マドンナ旋風」が起こり、「小沢ガールズ」のように女性が集団で、もしくは象徴として選挙の主役になることもあった。人材がいないわけではないのである。

しかし、こと政治家であり続けるとなると、一部の人々を除いて定着しない。なぜなのか。

政治家としての仕事と、子育てなど家庭人としての幸せとの両立が難しいのは私の経験からも想像できる。選挙における経済的な問題もある。まさに少子化対策と同じで、どんなにきれいごとのスローガンを並べても、もはや女性議員は増えないという負の連鎖が生じている。

「姫」の政治

では続けられている女性議員とはどんな人たちなのだろうか。

現職の女性国会議員といえば、まず思い浮かぶのは野田聖子であり、小渕優子であろう。野田は県議会議員から衆議院議員に挑戦した選挙で落選するが、その後は郵政解散で造反、無所属になったときを含めて連続九期当選。小渕も首相を務めた父の急死で突然の出馬となった、一九九九年の選挙以来七期を重ねる。

こうした連続当選する女性議員に共通するのは、一族に大物政治家がおり、その後継として選挙に挑戦している、という点である。「姫」として育てられ、地盤を継承するわけだ。

彼女たちが得る最も大きな遺産は「氏」である。選挙区民が慣れ親しみ、過去に投票所で書いた「氏」。新人候補ながら、自分が誰であるかと説明する必要もない。世襲の場合、弔い合戦となることも多く、それはそのまま選挙区継承の儀式となる。

姫が議員として国会にやってきたとき、彼女たちにはすでに前任者である父や祖父が築いてきた人間関係で作られた居場所がある。他の女性議員に比べて強力な後ろ盾がある、ということは、落選リスクが少ないことを意味し、官僚出身者なども含めそれなりの対応をされるのだ。

党の人事でも出番が与えられる。

「ぎちょーーーーー」

芝居がかった節回しで、声を張り上げる国会本会議での議事進行役。

将来の総理大臣候補が務める若手の登竜門とされる。憲政史上、女性で初めて抜擢されたのは野田聖子である。一九九九年一月、三九歳のときだ。それに続いたのは小渕優子。二九歳という若さだった。野田、小渕とも若くして大臣となり、小渕は現職中に妊娠し話題にもなった。もちろん、本人の努力や工夫があってこそではあるが、たたき上げの新人候補者と比べたら出番も居場所もあり、選挙区においても、一から積み上げてくる他の議員に比べて負担は少ないだろう。

二人は着実に、女性初の総理大臣への道を歩んでいるようにも見えた。しかし、その後、それぞれに金銭や口利きにまつわる醜聞が出て、総理への道は足踏み状態だ。

もっとも、姫には姫なりの弱点がある。

二〇一四年九月、小渕は第二次安倍内閣で、女性発の経済産業大臣、内閣府特命担当大臣(原子力損害賠償・廃炉等支援機構)に任命された。その直後に、「政治資金収支報告書」に一億円以上にものぼる未記載の費用があることが指摘され、大臣を辞任するに至った。

野田も自民党総裁選を目前に控えた中、醜聞に見舞われる。

総務大臣を務める野田の事務所において、仮想通貨企画会社の関係者を同席させたうえで金融庁に対して説明を求めた、というのだ。朝日新聞が金融庁に情報公開請求していた内容が、開示決定前に野田に伝わっていたことも明らかになり、野田は謝罪した。この問題は総裁選を狙う野田にとっては大打撃となった。

姫であるがゆえに、お家たる事務所でこれまで続いてきた悪しき慣行に対して十分な対処ができないなど、脇の甘さを指摘する声もある。

「お化け屋敷」か「酌婦」か

一方、政治家の世界で男性と同等に扱われるのは、弁護士、医師、大学教授など高度専門職の女性たちである。国家試験に合格した官僚もこのカテゴライズに入る。これらの資格は女性議員を一ランク上げる作用があるのだ。男性側から同等であると認められるのである。

資格を持っている女性議員はいざとなれば、たとえば医師である阿部知子のように、在職中にも並行して仕事を続けることができるため、経済的不安定さにも適応できる。

そういう女性議員たちを同僚男性議員たちはどう見ているのであろうか。

「優秀なうえに、落下傘候補でも選挙をしたいという意欲もある。そうした博打《ばくち》も打てる女性議員はそうそういない。男性議員にとってはちょっと怖い存在でもある。『お化け屋敷』にいるような感じ」

恐る恐るこう語るのは自民党の男性議員である。

「山田みき、パワハラが問題になったが豊田真由子は本当に頭が良く、仕事もできる。片山さつきと佐藤ゆかりは『一緒のオリに入れてはいけない』と、何かのメンバーを確定するときにいつも言われていた。彼女たちは他の女性議員とは別格ですね」

また、まったく違う立ち位置で、国会で存在感を放つ女性議員たちがいる。

「酌婦」

こう呼ばれているのは、会合などで本当にお酌をすることを求められ、逆にそれを仕事の一つとして心得ている女性議員たちである。

これは国会だけではなく、地方議員により顕著かもしれない。

お酌をすることは同性同士でももちろんある。特に悪いことでもないだろう。だが、ここで言うお酌とは「お酌的行為」、つまりは相手が言っていることがまちがっていると思っても、黙ってうなずき、にっこり笑い、「さすが！　先生」と持ち上げ、場を気持よくする役目のことであり、酌婦とはそれによって自分たちのプレゼンスを保っている女性議員たちのことだ。

お酌以外にも、国会の委員会に欠員が出たときの補充や、タレント議員であれば選挙応援などの「人寄せパンダ」にもなる。それ自体はコミュニケーションの問題であり、ことさら強調されることではないと思うが、問題はそうしたお酌的行為以外で、政治家としての目ぼしい成果がないまま議員を続けている者も少なくない、ということである。

彼女たちにとってお酌的行為は、次のステップを得るための行動でもある。また、選挙区では男女を問わずお酌が政治活動の基本となっているため、かれらは、こうした時間は無為なものではないという確信すら持っている。タレント議員が急に立候補しても意外と議員の日常活動に順応するのは、営業的側面では、議員とタレントとは似通ったものだからかもしれない。

だが、酌婦たちが期を重ね、大成していくかといえば、そうではないということも付け加えなければならない。

新たな酌婦の登場により、これまでその位置にいた人々は出番を失うことになる。それまでに強固な居場所を見つけなければならないが、そのためには、国民全体というよりも目の前にいる人々を喜ばせることが手っ取り早く自らの位置取りを確保する手段になる。

現在の日本で、女性政治家が立身出世するロールモデルの一つは、たとえば極端な右傾化をし、背伸びをして男性並みの発言をするというものだ。昨今に限らず、女性議員のうち一定数は、たとえば女性への偏見・差別の問題について、男性擁護の発言をする。女性が女性差別などないと発言すれば、それだけで重宝がられ、さらに過激になっていく。

これは日本の社会構造そのものであるとも言える。その理不尽や不平等を是正し、改善するのが、同じ環境を共有してきた政治家の役割であると思うが、男性社会で生き残っていくためには、逆の動きをしたほうが有利であることも、確かだ。

だからこそ、彼女たちは喜んで酌婦という役目を果たそうとするのである。

政治家の妻は「中継ぎ」から「職業としての議員」へ

夫が引退、父が死去。急に後継を決めなければならないときに、予定していた二世、三世である息子や娘が被選挙権を行使する年齢に達していない、もしくは他の仕事をどうしても辞められないタイミングがある。

その際登場するのは、妻であり、母である女性候補者たちだ。

彼女たちは「中継ぎ」と言われる。

一九四六年四月、戦後初の総選挙で三九人の女性議員が誕生したことは前述したが、実は翌四七年の総選挙では一五人に、四九年には一二人に激減している。その理由の一つは、公職追放にあった夫の代わりに中継ぎとして立候補していたことがある。また、夫が死亡した場合等で、子どもが被選挙権の年齢に達していない場合は、成長するまで選挙区を温めておく。たとえ一期でも他の候補者に渡してしまったらその地盤は二度と戻ってこないことをよくよくわかっているからだ。

今でも現職の自民党の女性議員のうち、幾人かは中継ぎだと誰もが思っているという。

女性が高学歴となり、社会で働くこともあたりまえとなる中で、今まで議員とともに活動してきた妻が立候補することは、それほど不思議に思われなくなってきている。

動機が中継ぎだとしても、夫以上に地元活動をする(できる)適性を持った妻は多い。議会で質問する以外は、同等に活動してきたことを考えれば、彼女たちが政治家として立つ土壌はすでに自らで耕していたとも言えるのだ。

「社長になるか社長夫人になるか。それが問題だ。」

今や「女子」を語るうえでの古典ともいえる斎藤美奈子の『モダンガール論』は〝欲望史観〟という視点から、明治・大正・昭和の「モダンガールたち」が二〇世紀の一〇〇年をどう生きたかを論じている。その「欲望」の中心にあるのは「玉の輿」である。「お祖母ちゃんもお母さんもお姉さんも、み〜んな同じ夢を抱えてきた」という。

政治の世界でも、それを玉の輿というかどうかは別として、議員ではなく「議員の妻」を目指していた層が確実にいた。なぜならば、女性は政治家になりたくてもなれなかったからである。

ひと昔前までは性差によって参入機会が与えられない職業や競技における最高位は妻、つまりは玉の輿だったのだ。政治は一蓮托生であるから、志のある妻は夫という器を使って自らの思いを実現しようとした。

ところが、その政治家の妻に、ここ二〇年ほどで変化が表れている。特に地方政治を見渡すと、政治家の妻が議員に挑戦するケースがそれほどめずらしくなくなってきた。

この場合は中継ぎではなく、自らの「職業」としての選択だ。

前時代よりも選挙に出ることのハードルは低くなり、政治に対して興味を持つ女性も、妻でなく自分として候補者になれるようになってきた。妻たちは誰よりもＯＪＴ（オン・ザ・ジョブ・トレーニング）を積み、政治家になるための訓練を受けているとも言える。

ある国会議員は、別れた妻とバッタリ再会する。

選挙ポスターで、である。元妻は婚氏続称をして、自分と同じ氏で立候補していた。

他にも、落選後に夫は政治の世界から引退、夫婦も離婚したが、元妻が後援会に支えられ地方議員に当選という例は、頻繁ではないが、そうめずらしいことではなくなっている。

私もそもそもは政治家の妻だった一人だが、結果的には夫の選挙が踏み台とまでは言わないが、政治家の妻を女性議員に生まれ変わらせるためのエンパワーメントの場でもあったことは確かだ。

とはいえ、そうした妻、元妻の立候補は数としてはまだまだ少数である。

今も、選挙の当選場面では、夫の隣に妻がいて、バンザイのときには妻一人が頭を下げて「ありがとうございます」とつぶやくいつもの光景がテレビ画面に映し出される。

「姫」にしろ「お化け屋敷」「酌婦」「中継ぎ」にしろ、女性が主体的に政治と関わる環境はまだまだ十分でないと、そうしたシーンを見るたびに思い知らされる。

稲田朋美　読者投稿から衆議院議員に

こうした女性議員の誕生の具体例として、稲田朋美元防衛大臣を見てみよう。

一九五九年生まれの稲田は最初から政治家志望だったわけではない。

早稲田大学法学部在学中、男女雇用機会均等法もない中で、自身に見合う就職先がほとんどないことから司法試験を受けることにしたという。一日一六時間の猛勉強の末、卒業後一年で司法試験に合格する。司法修習を経て法律事務所に勤務、司法修習同期の男性と結婚、二児の出産・育児を経験する。

「三十歳を過ぎるころまで、『東京裁判』のことをほとんど知りませんでした」(『私は日本を守りたい』)という稲田が、それを不当と知るのは、ある日の夜中、テレビをつけたら流れていた「東京裁判」の記録映画を見て以降である。

「学校の教科書で教えられてきたことが、じつはこの不当な裁判の判決に書かれた一方的な歴史」であると思った稲田は、たまたま読んでいた新聞にあった「新しい歴史教科書をつくる会」の藤岡信勝による「自由主義史観研究会」立ち上げの記事を見つける。

すぐさま入会した稲田は「当時、息子と娘は小学生で弁護士業も育児のかたわらにするという状況だったので、時間的余裕もあり、考えていることを雑誌『正論』に投稿し、それが掲載」された。

それがきっかけで、南京大虐殺関連の著書を訴えた名誉毀損裁判の被告側の弁護を手がけていた弁護士・高池勝彦から電話がかかってくる。

「『正論』の読者のページを読みました。一緒に裁判をやりませんか」

ここから稲田朋美の人生は一変する。雑誌『正論』には、署名論文として靖国裁判や戦後補償裁判のことを書くようになり、二〇〇四年には『産経新聞』「正論」欄の執筆者になる。

「育児の合間に雑誌の読者のページに投稿したことが『正論』欄の執筆までつながったと思うと不思議な気」がすると稲田が述懐するように、執筆、寄稿は稲田の活躍の機会を広げていく。郵政選挙の「刺客」となった稲田は、わずかな差で民主党候補を振り切り小選挙区で初当選を飾る。

『正論』の「読者ページ」から衆議院議員へ。稲田は思わぬチャンスを摑むのである。

実はこの「論壇から政治家へ」という道は、過去においてはそうめずらしい話ではなかった。テレビメディアが発達する以前は、論壇誌は人材発掘や育成の場であり、石橋湛山を引くまでもなく、政治家として活躍した人々の中には、論壇誌の発行人や記者出身者は少なくない。

稲田の場合、読者層も投稿者も男性中心の論壇誌で、女性の投稿者は目立つ。男性では発言しにくい慰安婦問題等を、かれらの主張に沿った内容で女性が発信することで重宝がられる、というのは杉田水脈などにも見られるひとつの「立身出世コース」である。

タレント候補が出現する前、論説や演説で名をあげることは、候補者リクルーティングのひとつのカテゴリーだった。

保守論壇は今も言説が支持母体となる団体などの票集めに繋がるとされているのだろう。野党側を見ると、論壇出身の女性議員は皆無だろう。タレントや弁護士も、文章を書いて、というよりも市民活動を通じてのルートだ。

そういう意味では、自民党に今もそのルートが残っているということは、支持者に論壇誌購読者層やネット媒体を通じての文字媒体に親和性があることを意識した候補者選定となっている、ということかもしれない。

二〇一八年一〇月、臨時国会冒頭の代表質問で、政務三役でもない稲田朋美が登壇者として異例の抜擢をされた。

稲田が示した身の丈に合わない役職への抜擢と、失速。また再チャレンジを含めたロールモデルは微調整されながら杉田水脈を経由し、今後も引き継がれるものであることを示唆している。

女性議員「二六分の一」の現実

二〇〇九年総選挙で民主党では二六人の女性議員が誕生した。

そのうちの幾人かは「小沢ガールズ」と呼ばれた。

彼女たちのうち、次の二〇一二年の総選挙で国会に戻ってこられたのは、ゼロ。二〇一四年は山尾志桜里一人のみ、であった。

結果はもちろんそれぞれの努力の成果であるということは大前提なのだが、それにしても、二六分のゼロ、二六分の一という数字は、党としての猛省および検証が必要だろう。

「女性の活躍」「多様性」を謳うならば、まず、この二五人がなぜ国政の現場から遠ざかってしまったか、もしくは戻ってこられなかったのか、その理由をきっちりと分析し、党として貴重な人材を育てていくのに必要な手だてを考えなければならないはずである。

離党したり、さまざまな理由で公認候補になれなかったり、なれたとしても公私において十分に闘う準備ができていなかった人も多い。

と同時に、どこかわかる気もする。

私もその一人だった。

ここからは私自身の経験になる。

私がなぜ戻ることができなかったのかといえば、一つには選挙区の事情があった。二〇一二年当時、民主党に対する批判が強くなっていく中で、一部の地方議員から不満の声が出てきた。そもそもは私が党本部に従って総支部の中で領収書を伴わないカネをいっさい支出しなかったこと、また地方選挙で党の方針通りに複数擁立をしたことなどへの不満があった。

それを「ご飯は誰が作っているのか」、「子育てをしていない人は公認できない」といった、今であれば確実にパワハラ、セクハラとなるような言葉に替えられた。明々後日から選挙戦が始まるという日に、四時間以上も地方議員に説教されたこともある。

こうして、私は自民党へ政権交代することになった二〇一二年総選挙で落選。その後、総支部長としての公認がなかなか出なかった。事務所の経費はすべて持ち出しだ。

もちろん、県連や党本部の選対に何度も相談したが、公認の条件は「地方議員との関係改善」だった。

これについては、私が男性議員だったら起こらなかったことだと今でも思う。

「それでも、粘り強く説得するのが政治家だ。自分もそうやって強くなってきた。できるはずだ」

当時の選対委員長からこの言葉を聞いたときは、力が抜ける思いだった。

パワハラ、セクハラの悲劇は、上司のこうした一言から起こるのだろうと実感する。政治はそれを防止し、抑止し、法律という盾を立てなければならないにもかかわらず、まったく理解がないばかりか「我慢しろ。できるはずだ」とは、いったいどういうことなのだろうか。

これ以上はできない。我慢の限界を超えたとき、自分から選挙区替えを申し出た。

そこからは、次の選挙区がなかなか決まらなかった。

収入もないから、仕事もしなければならない。仕事と両立できる場所として東京の選挙区を希望していた。もしくは高校まで過ごし、今も実家がある宮城でも、と言っていた。

突然の電話で選挙区が変わる

二〇一四年も突然の解散だった。

当時の枝野幹事長から電話がかかってきた。

「東京の選挙区で決まった。まだどこになるかはわからないが、とりあえず宮城はなくなったから、そのつもりで準備するように」

急ぎ東京で借りている家で、ポスターその他の準備に取りかかる。

すると翌朝、電話があった。馬淵澄夫選対委員長からだ。

「井戸さんには、宮城に行ってもらうことになったから。安住さんとこに連絡とって」

「と、東京じゃなかったのですか?」

「宮城になった。もう東京は考えないで、がんばって」

あとで聞くと、私の東京への転出を松原仁が強硬に反対したという。松下政経塾の先輩でもあり、三〇年近く前、東京都議選で松原が初当選したときには私はスタッフとして彼の選挙を無給で手伝っている。感謝こそされていいはずが、なぜ反対したのか。

「そう言うなよ、悪かったよ」。松原に直接抗議をするとそう返されたが、このように弱い立場にある候補者たちは調整弁のように使われることもある。

宮城4区が選挙区と決まり、国会議員会館に宮城県連会長の安住淳を訪れた。

開口一番、言われた。

「いいか、もう、他の選挙区はないぞ。これが最後の選挙区だ。骨を埋めるつもりでやれ。もう一回言う。東京とか、考えるな。宮城4区だけだぞっ!!」

上から目線の物言いは安住の特徴でもある。慣れない人が聞いたら、泣きそうになるだろうなと思いながら、言いたい言葉を飲み込む。

すべての荷物を東京に置いたまま、仙台に着く。駅には今は亡き岡崎トミ子元参議院議員が待っていてくださった。

こうした状況の中でも闘えたのは、彼女と選挙区で唯一の現職地方議員だった竹谷英昭・多賀城市議のおかげだと今も感謝している。

選挙区の多賀城市にマンションを借りるが、一階の、東日本大震災で津波が入った部屋で、壁にはここまで水が来ていたという線がくっきりと残っていた。

選挙は無風で、自民党が圧勝した。私は再び負けた。

年が明けて、とりあえず半年間、総支部長としての任期は延びたが、ここでまた問題が起こる。民主党から県連を通して全落選議員に送られた次期衆議院総選挙に向けての公認申請書が、なぜか私ともう一人には届かなかったのだ。

党本部に聞けば、それはおかしいという。

安住に聞くとお茶を濁された。

「さっさと東京に行け、戻ってくんな」

衆議院総選挙の区割り案が新聞で紹介されていた。宮城4区と安住の選挙区宮城5区が合併する案だった。

「お前と俺とどっちが強いか言ってみろ。お前はそもそも東京希望してたんだろ。さっさと東京行け、戻ってくんな」

ついこの間とは、まったく違う言葉だった。

こうして、私は宮城の選挙区を後に、東京のいずれかの選挙区に決まるまでまたもや待機することになる。

選挙を経て、党の人事も変わっていた。

松下政経塾出身の先輩でもある前原を通して、同じく先輩である玄葉光一郎選対委員長に自分の希望を伝えていた。

別の区が候補としてあがっていたが、ちょうど東京4区の前任者が総支部長を辞退することとなり、大田区が浮上する。前原と玄葉で話し合い、4区と内定した。今回は松原も了承した。

選対で決まったことは常任幹事会で承認を得るのだが、ところがそこで異論が出たという。

慌てて民主党の事務方から電話がかかってきた。細野豪志が反対意見を述べ、それに対して玄葉が細野の懸念に対して、直接本人に確認するという段取りを踏むことになったという。

「井戸さん、選挙区変わるの二回目だよね。それに対して異論が出てね」

私は手短かに事情を話した。

「そうだよね。むしろ、(比例票の上積みのために突然、勝利は難しい小選挙区から立候補したのは)党のための選挙区の移動だったんだよね。貢献してくれたということなんだよ。党はむしろ感謝しないといけない。で、これが最後の移動ということで大丈夫だよね」

党に所属する党人として行動するのはあたりまえだ。だが、それを自分のわがままのように誤解されるのは不愉快だった。

玄葉が理解してくれたことはありがたいことだったが、党の中には事情を理解せず、むしろ批判をする人もいることに若干の不信感を抱いた。

勝てる選挙区はすでに埋まっている

小選挙区制となり、自民党でも野党でも、いい選挙区はすでに席が埋まっている。新たに総支部長となるのは、どうしても当選が難しい選挙区となる。厳しいからこそ前任者は辞め、席に空きが出るのである。

作家の佐藤優は、そういう難しい選挙区こそ、カネと人を投入して耕さなければならないと言った。ところがその発想はいまの政党にはない。政党は強い選挙区を固めることを第一として資源配分をしているからだ。それは確かに大事なことかもしれないが、負け続けている選挙区を引き継ぎリフォームしていくことは新築を建てるより手間がかかる。でも、それを言うと「辞めろ」となることが怖くて、誰も言葉にはしない。

選挙に対する刹那的かつ新自由主義的発想の中で対応していくことが求められている。多くの女性たちにとっては生き延びていくのが大変な世界である。

加えて言えば、女性が声をあげればうとましがられることもある。

兵庫1区時代、隣の選挙区には同じ民主党の石井登志郎(現・西宮市長)がいた。

彼は、言いにくいことをズバズバ発言していた。父親は石井一。衆議院一一期、参議院一期、国務大臣も務めた大物だ。本人は否定するだろうが、やはりそれは父親の威光があるからこそできる発言で、何度もうらやましいと思った。野党ですらこうなのだから、また、松下政経塾出身で、ある程度の免疫や人脈がある私ですらそう思うのだから、普通の世界で暮らす女性たちが政治の世界で順応するのは、相当大変なことだろう。

二〇〇九年、民主党で衆議院議員の議席を得た二六人の女性たちは、多かれ少なかれ、私同様の経験をしているのだと思う。

相手候補次第という要素はあるにしても、それでも二世でもない女性候補が勝ち続けるのは容易ではない。こうして、唯一生き残った山尾が、二〇一七年総選挙では解散要因の一つとなったことは別の意味で示唆的である。

なぜ「〇〇チルドレン」「××ガールズ」と呼ばれるのか

「小泉チルドレン」「小沢ガールズ」とはよく言ったものだが、名もなき新人はどこかの「家」の子ども、娘として、家長の庇護のもとに入るのが自分の身を守るために必要という面はある。「家長」の言うことは絶対であり、「家長」が倒れれば、一族みな共倒れ、である。派閥やグループはまさに「家」なのだ。

野田聖子や小渕優子が自身の思いで動けるのは、政治の世界で、「リアル父」や「リアル祖父」がいるからである。二世、三世が有利というのは、選挙のときだけの話ではない。国会議員として永田町で活躍するためにこそ「家」は必要なのである。

二〇一七年総選挙は、「チルドレン」も「ガールズ」も生まれない選挙だった。与党側は新規参入枠がなく、野党側は混乱の中で、一人ひとりの候補者のプロファイリングをして売り出すといったことができない状況にあったのだろう。

明治の時代から、候補者をどう確保するかというのは、一つの命題だった。

小選挙区制となった現在、何より政党にとっては、政治家の質の担保とガバナンスという意味で、候補者の誕生を支えるリクルートシステムが重要である。

ところが、政党はそこに十分なコストを払おうとはしていない。

政治家を評価するメルクマールはある一定の時期にやってくる選挙のみ。そして選挙にその議員の任期中の成果を正確に評価するといった機能があるかといえば、実はそうではない。

もっと言えば、どのような候補が勝てるかはその時々の状況で変わるから、人材を抱えても政党は持て余す可能性も高いだろう。

公明党、共産党といった政党は、その点クリアである。ただ投票してくれる固定層があるからこそ、どんな候補者を国民が望んでいるかを反映する姿勢はあまり感じられない。

それでも、両党ともに高齢化が進むと、危機感が強くなる。まさにその危機感が候補者という実体となって表れてくる。参議院選挙の候補者を見ると、両党ともに若い候補者、自民党や民主党、民進党の公募候補のような学歴やイメージを持つ候補たちが並ぶようになってきている。

3　新たな政治人材リクルートシステムの必要性

日本の政治人材リクルーティングにないもの

繰り返しになるが、維新塾には三三〇〇人、希望の塾には五〇〇〇人弱が応募した。民主党時代の公募に三〇〇〇人（二〇〇八年の公募一三〇〇人、政権交代後の二〇〇九年一一月に実施した公募には一か月で一九八二人）が応募してきたのを見れば、実は日本には、常時三〇〇〇人程度の選挙に挑戦したい人材がいるということである。

近年では、たとえ世襲であっても表向きは「公募」や「塾」といった器を経由しながら、候補者が選ばれ、選挙区が決まる。当然ながら、そこには相手候補、また自分サイドに位置する政党ほかで競合する候補者がいるかいないか、他党との連携や共闘、投票率などの選挙区情勢を考慮した上で慎重に判断される。

急な解散が行なわれるといった場合を除いては、選挙が予想される時期に合わせて、その遅くとも一年ほど前には候補者が決定されているのが普通である。一年前という時間が、資金ほかでバックアップ体制を取る政党にとっても、候補者にとっても、ギリギリの線であると考えられるからである。

が、そもそも日本の場合、法学部政治学科を卒業しても、在学中に政治家という進路を選択する学生はほとんどいないというのが現状だ。なにしろ、若い人材が政治家を目指そうと思っても、被選挙権は満二五歳以上である。スムーズに四年制大学を卒業した場合、立候補まで何らかの仕事に就かなければならない。

つまり、政治家になる、ということは最初から「転職」なのである。

公明党は「出たい人より、出したい人」

圧倒的な組織の支持が先にある場合、候補者選びは自薦とはいかない。

たとえば公明党の場合、党本部や都道府県本部が、支持母体である創価学会に候補者の推薦を非公式に打診して、候補者名があがってくる、という仕組みである。

各地区の創価学会幹部はどこにどんな人材がいるかを詳しく把握している。一方、最近では党幹部や公明党国会議員のネットワークを活用し、官僚や弁護士といったエリートが候補者として選ばれる場合もある。

候補者が決まると、創価学会に伝え、国政選挙では「中央社会協議会」が、地方議会選挙では都道府県本部の「社会協議会」が推薦を決める。創価学会での働きが選挙活動の核であるからこそ、かれらの納得が「候補者の誕生」に大きく関わっているのだ。

選ばれる候補者は親が熱心な学会員である場合が多い。もともと自ら国会議員になろうと思っているわけではなく、また、選挙に挑戦するということは、これまでの仕事を辞めなければならないので、家族を含めた理解も必要不可欠である。そうした場合は親や配偶者が学会員であることは大事な要素でもある。

公明党の場合、徹底しているのは「出たい人より、出したい人」だという点である。

国会議員の国会図書館の利用率は公明党と共産党の議員が飛び抜けているという。固い組織に支えられているということは、国会議員としての活動に集中できるということでもある。もちろん、そこに他党にはない何らかの負担もあるだろうが、リクルートシステムの根本を考えるうえでは一つのあり方に見える。

政治家を育成する公的機関

海外でも政治家になるためのキャリア形成についてはさまざまなかたちがあるが、松下政経塾に在塾していたとき、ハーバード・ケネディ・スクールや、フランスのＥＮＡ(国立行政学院)など、政治家、官僚といった公共部門の仕事につく人々を養成するための教育機関の存在を知った。

ＥＮＡは一九四五年に設立され、年間八〇～一〇〇人の学生が、公法、経済、一般教養、欧州に関する問題、または社会に関する問題、外国語など、二五時間に及ぶ筆記試験を通過し、口頭試問を受けて選抜される。シラクやドヴィルパン、オランド、マクロンといった歴代のフランス大統領、首相を多く輩出してきたエリート機関である。

大学院にあたる二年間を一五万～二三万円相当の月給をもらいながら、官僚研修生として学んでいく。松下政経塾と同じシステムだが、政経塾が人材育成機関として持続的に機能している理由の一つは、経済的側面にあったと実感する。

政治も含む公共分野の人材育成を目標にした、公共政策大学院は日本にもたくさんある。しかしながら、日本の公共政策大学院が政治人材を輩出しているかと言ったら、そうではないだろう。中央官庁や地方自治体の公務員が出向して学位をとる場所といった印象が強いが、むしろ候補者を生み出す政治人材プールとしての役割をもっと打ち出してもよいのではないだろうか。

政治におけるジェンダーの不均衡を是正するという点でも、教育機関、育成機関の課題は大きい。

二〇一八年五月、国会議員選挙や地方議員選挙での男女の候補者数をできるだけ均等になるよう促す、「政治分野の男女共同参画の推進に関する法律」が成立した。

法に強制力はない。だからこそ重要なのは、いかにして女性候補者の人材確保をするかである。日本がほんとうにジェンダー平等の社会を目指すならば、たとえば共学はもちろんだが、女子大にも政治家はじめ、官僚等公的機関で働くことを目的とした大学院のコースを設ければよい。二年間政治や選挙の勉強をするコースで、社会人も含めて就学可能な環境が整ったならば、よりよき候補者が生まれるのではないだろうか。人材の裾野を広げることは、制度の成否にも関わってくる。

アリバイのような「公募」や、子どもだましの「政治塾」がいくらできても、結局は堂々めぐりになるだけだ。

政治の思惑に流されるのではなく、急な選挙で慌ただしく候補者が決まっていくことがあたりまえとされないためにも、「候補者の誕生」までの新たな道、国民が望む政治家像を実現できる人材の育成が急務だ。

一九九四年の政治改革から四半世紀。その月日を積み木崩しのようにリセットした二〇一七年の総選挙を経て見えてきたのは、新たな政治人材リクルートシステムの必要性である。

予備選挙導入で日本の政治は変わるのか

立憲民主党をはじめとする野党にとっての課題に、国政選挙や首長選挙での「共闘」がある。過去にも、野党が反転攻勢をかけるための足がかりとなってきた参議院議員選挙においての選挙協力がその後の政局に与える影響は大きい。

枝野幸男は、参議院選挙においては「一人区については自民党との一騎打ちの構図をつくる、そのために最大限の努力をするということで、必ずしも立憲の公認にこだわらない」との認識を示し、野党統一候補については予備選挙の導入を提案している。

枝野は、想定している予備選挙について、「各党の取引きと見えるようなことはしない。市民が主体となって決めてもらう」と説明しているが、具体的には選挙区内の世論調査などによる絞り込みを念頭においているとも報道されていたが、その後は慎重な言い回しとなっている。

一口に予備選挙と言っても、その形態はたとえばイギリスとアメリカでは違うし、アメリカ国内でも州によって異なる。

最も深刻な懸念は、予備選挙の結果、党内に亀裂が生じることである。

国立国会図書館調査員の藤本一美は「アメリカ下院の予備選挙」の中で、久保田きぬ子の以下の研究を引用している。

「プライマリイ(予備選挙)の制度は、特殊なアメリカの政治的伝統および政党を背景にして考えだされたもの」であり、「候補者選定に関してまである程度の民意を反映させようとする制度である。……この制度の目的の一つは、既存の政党組織の破壊、政党幹部から特権を剥奪することであり、そうすることによって、政党のあらゆる機関を国民の手でコントロールし、最終的にはすべての政治決定を国民が行うことにあった……。(しかしながら)この制度は、党内の派閥の対立を激化させるし、また二大政党制が確立している州と一党制の州とでは、その効果も異なる」。

日本と同じ議会制民主主義をとるイギリスはどうであろうか。

候補者選定についてよく言われるのは、イギリスでは最初は所属する保守党または労働党が弱い選挙区で闘い、実力が認められると強い選挙区に替えて立候補することができる、ということだ。しかし、実際にはそうとも言えないようだ。

二〇一二年、保守党の候補者選定責任者にインタビューした吉井弘和は詳細なレポートを公開している。

それによれば、イギリスの場合、立候補したいと思ったならば、まず政党にアクセスをする。保守党の場合、経歴書とともに三人の推薦状を必要とし、推薦人には電話での聞き取り調査が行なわれている。

これをクリアすると予備候補者リストに登録され、PAB（議員審査委員会）に参加できるかどうかが決められる。

約二か月に一度定期的に開かれるPABではトレーニングを受けた審査官五人によって審査が行なわれる。審査員のうち二人は国会議員、三人は政党スタッフ等。そこで五つのエクササイズ①面接、②演説、③グループ討議、④優先順位づけ、⑤小論文を通してセグメントを受ける。

面白いのは四つめの「優先順位づけ」で、これは下院議員になったつもりでメールボックスに溜まった一〇〇通ほどのメールに対して、どの順番で対応するかを考えるという試験である。

これらの試験時、審査員には応募資料に書かれた学歴ほかの要素は隠され、ブラインド方式で評価がされる。

そして「合格」「今は不合格だが、一二か月後に再チャレンジ可能」「今は不合格だが、次の総選挙後に再チャレンジ可能」「不合格」の四つの結果が通知される。不合格については評価結果をオープンにフィードバックされる。

合格した場合は、選挙区とのマッチングになるが、以降は政党支部がイニシアチブを取りながら、三段階の審査が行なわれる。

一つめは書類審査。ここで三〇人が一〇人程度に絞られる。

二つめはプレゼンテーションと面接。ここで四人前後に絞られた後、最終段階では支部の一般党員にまで投票権が広げられて、投票が行なわれ、候補者が誕生する。

ただ、これもそれぞれの政党や支部でやり方は違い、たとえば保守党の地盤が弱いところで候補者を決める際、その地区すべての有権者に郵送で投票権を送り、候補者を選定するといったことも行なわれているようである。

急場しのぎを超えて

アメリカのように予備選挙施行を州法で担保したり、イギリスのように予備選挙に至るまで時間をかけて丹念に選んでいくプロセスが取れるかどうかである。

試行錯誤は当然として、民主党や自民党の公募がなぜ形骸化したかは、そこまでのコストをかけるだけの費用対効果が見込めなかったことが原因だろう。

久保田が指摘するように、予備選挙は党内の派閥の対立を激化させ、また二大政党制が根付いていない場合については別の効果をもたらす。小選挙区制導入で日本の政党内でも候補者選定については党本部へ権力の一極集中が進んだことからみても、候補者の選定こそが政党にとって重要であり、予備選挙を行なうことは、党の権力構造を変えうるものともなる。

たとえば、党員やサポーター、パートナーズと呼ばれる政党を支えるメンバーが、自らが応援した候補者が敗れた場合、勝利した候補の応援にすぐに回れるだろうか。多かれ少なかれ個人後援会に支えられている日本においては、さらなる分断や沈黙を有権者にもたらす可能性もあるだろう。

二〇〇五年、二〇〇九年、二〇一二年、そして二〇一七年における候補者の誕生とリセットは、良質な候補者を確保し、有権者に提示することよりも、とりあえずの選挙をしのげる「話題性」を作れるか、もしくは、ある意味、意図的に政治的能力のある候補者を退け、一部の実権を握った幹部の政党ガバナンスがきく「自立していない候補者」を揃えるか、であった。

中期的戦略を

有権者の心は移ろいやすく、その時の「風」に左右される。真剣に候補者を選んでも、あるいはそれなりに仕事を重ねた大臣経験者たちも政治的には未知数な若い候補者たちにとって代わられてしまうこともある。

こうしたことが繰り返される中、政党は経験値から有権者のことを「その程度」だと考えているのである。

もちろん、表向きはそうは言わない。

選挙時の最大風速の風向きを読みながら動くのは短期的コストで見れば合理的でもある。

だからこそ、政党は選対を持ってはいるものの、土壇場にならないと機能しない。

特に野党は政権を担おうと思うのであれば、中期的な戦略は不可欠であろう。「早くから相手に手の内を見せられない」などの言い訳も聞かれるが、それは対等か、それ以上の関係となってから言うことであろう。

「(今の時代は)より正しいことを言っているほうが、選挙で負ける」

民主党内閣で官房長官を務めた仙谷由人はそう指摘したまま、二〇一八年一〇月亡くなったが、問題は「より正しいこと」が国民に十分に伝わっていない、もしくは「正しくみなされない」という点にあるのだ。

アメリカもイギリスも選挙システムなども踏まえてそれぞれの経過をたどりつつ、民主主義の代議制機能を高めるために模索を続けている。

日本も足踏みしている場合ではない。

第4章

自民党は二〇一七年総選挙をどう闘ったのか

――失われた刷新の機会

2017 年衆議院総選挙、田んぼの前で第一声を発する安倍首相
（2017 年 10 月 10 日、福島市、朝日新聞社）

1　自民党改造プロジェクト

さて、選挙で最も大事なことは「負けない」ことである。

二〇一七年一〇月の解散総選挙。予想もできなかっただろう、民進党と希望の党の合流という奇策に対し、自民党はどう反応したのか。

直前の都議選では歴史的敗北を喫し、小池百合子の行動如何《いかん》によっては政権の座すら脅かされることが想定された中、自民党は何と闘い、何を得たのであろうか。

半世紀ぶり三回連続過半数獲得

「総選挙において、我が党が、三回連続で、過半数の議席を頂いたのは、ほぼ半世紀ぶり。同じ総裁のもとで、三回続けて勝利を得たのは、立党以来六〇年余りの歴史の中で初めてのことであります」

総選挙の翌日、安倍は会見に臨み、自らが成し遂げたことを「わが党」の歴史という時間軸を使って示した。

これに対し、違う見方をする人がいる。「同じ総裁のもとでの三回連続勝利が、自民党結党以来初めて」というのは、安倍がいかに短期間で、小刻みに解散を打ってきたかということだ。「弱い野党の戦術ミスにも支えられて」と冒頭に一言断りを入れなければならないだろう、と。

といっても、実際に政権に復帰して以降の安倍は、国政選挙において一度も負けていない。「有権者心理の根底には安倍政治、自民への批判が相当程度ある」(自民党元衆議院議員)にもかかわらず、なぜ自民党は勝利し続けているのか。

もちろん、最も大事な要素は公明党との選挙協力の維持だろう。しかしそれだけにとどまらず、二〇〇三年以降、安倍が責任者として取り組んできた自民党の党改革を通じて培った広報戦略等も含めて、小選挙区制の中での勝ち方を野党側より熟知していた、と言えるかもしれない。

野党側は自分たちの中で票を取り合ってくれればよい。実際、今回の選挙は「自民党か野党か」ではなく非自民支持者にとっては、「希望の党か立憲か」という選択に過ぎなかった。そして自民党支持者は迷うことなく与党に票を投じたのである。

「不思議の負け」から始まった党改革

この三〇年を振り返ると、平成に入り五五年体制が崩壊、政権はいったん自民党の手を離れたものの、わずか八か月後に「自社さ」政権で自民党は政権に復帰した。

しかし、その後もスキャンダルや醜聞が次々と政権を襲い、平成に入ってからは二〇〇一年四月に小泉総理が誕生するまで一〇人、自民党だけで実に七人もの総理大臣が入れ替わっている。

自民党の弱体化と危機感の表れは、「変人」と呼ばれた小泉純一郎が総理になったことで示される。「自民党をぶっ壊す」と登場した小泉総理は、国民からは喝采で迎えられ、発足時には八七%

（読売新聞調べ）という、戦後最大の支持率を得た。

その後、田中眞紀子外務大臣の解任騒動などで支持率が落ちたものの、それでも五〇％以上を保っていた。

二〇〇三年、自民党総裁に再選された小泉総理はほどなく衆議院解散に出た。しかし世論調査も自民優勢。誰もが自民圧勝だと思っていた選挙で、自民党は一〇議席を失い、四〇議席を増やした民主党に比例区では敗れるという「不思議な負け」を経験する。

なぜか。

自民党の支持率は小泉総理個人への支持率であり、その人気を党への支持と勘違いしていたのである。

選対で候補者選びに関わっていた議員たちが何より驚いたのは、民主党で初当選した議員たちの中に、少なからず以前自民党にアプローチをしていた人々がいたということだった。

「候補者の選び方がまずい。このままでは、古い政党だというイメージを拭えない」（世耕弘成『自民党改造プロジェクト650日』）

この危機感から、世耕弘成を中心に若手議員が立ち上がり、同年一二月、当時幹事長だった安倍晋三のもとに「党改革検証・推進委員会」がつくられることとなった。

「公募」でアピールした改革姿勢

自民党が「公募」を導入したのは、一九九四年三月の政治改革直後のことである。

党の「制度改革に伴う党改革に関する答申」の中には、「『新人候補者の擁立にあたっては……新方式として公募・コンテスト方式の導入も考慮すべきである』と明記された」(中北浩爾『自民党——「一強」の実情』)。

当時の自民党は野党で、危機感を持つ地方組織が自主的に公募を始めた。公募で初めて国政選挙(参議院選挙)の候補者を出したのは宮城県連で、その後、一九九六年の総選挙では八人の候補者が擁立されるに至った。

ところが、前述のように支持率が高い小泉政権のもとでの総選挙で、民主党の伸長を許す「不思議の負け」に至る。

党改革検証・推進委員会は正式には一七人で発足するが、メンバーには党上層部も多く、実質的に活動したのは、塩崎恭久、古屋圭司など数人だった。

かれらの議論の中で出た問題点を整理し、それぞれ部会をつくり検討された。

- 候補者選定プロセスの改善並びに立候補者人材育成の強化(公募制度の導入など)
- 「政治とカネ」の透明化
- 政策立案能力の向上、党内人事政策の改革
- 友好団体との関係構築、「無党派」対策の強化
- 党組織の強化・活性化
- 広報改革

各部会長には当選三、四回の中堅議員を、副部会長には若手を迎えた。やる気があれば、複数の

部会に所属してもいい。報酬は出ないが、党改革をしていかないといずれ自民党は立ち行かなくなるという危機感を共有しながら作業は進み、党に対してさまざまな提言を出していくことになる。たとえば、夏と冬に派閥から配られる「氷代」「餅代」を廃止すること、また議員の収支報告をネットで公開すること、などである。

しかし、意外なところがこの改革の抵抗勢力となる。

党本部職員だ。

世耕はその拒否感について、理解を示しつつ、こう分析している。

「過去のかけ声倒れに終わった政治家主導の党改革に振り回されて、嫌気がさしていた面もあるかもしれない」(前掲書)

提言を出せば「そんなことは無理でしょう」「昔やろうとしましたが、挫折していますよ」

党職員も長い間には官僚化し、改革に賛成する若手の職員は、職場のヒエラルキーの中で自由に発言したり、行動する立場をとることができない。

党本部機能については野党も含めて、第5章で別途考察するが、党改革検証・推進委員会を立ち上げてから三か月ほど、二〇〇四年春には活動は膠着状態となった。

「論より当選」の自民党

ところが、思わぬ転機がやってくる。その年の四月、埼玉8区で衆議院議員補欠選挙が行なわれることとなったのだ。

そもそもこの補欠選挙は、自民党の現職議員が公職選挙法違反で逮捕されたために実施されるもの。しかも、国会議員だけでなく所沢市議会議員一〇人、加えて地元の選対関係者までも逮捕されるという事態だった。

自民党埼玉県連は闘える状態ではないと、候補者を擁立しない方針を安倍幹事長に伝えた。しかし、党改革を訴える党改革検証・推進委員会にとっては、提言を実証するまたとないチャンスだった。

通常であれば、いくら党本部主導といっても、候補者選定に県連が絡まないことはない。世耕はそこにPR会社を入れ、「これまで自民党がしたことのないイメージ重視の選挙」を行なうことにする。

まず、公募を行なうとの新聞広告を打った。名乗りをあげたのは八一人だった。履歴書などのほかに「政治に対する考え方及び理念」というテーマで二〇〇〇字の論文を課題とした。氏名、年齢、職業をまったく見ずに論文を採点した。八一の論文を四人で回し読み、A～Dの評価をつける。四人の評価はほぼ一致し、A評価を得た者は仕事が充実しているという特徴があった。

六人が最終選考に残り、候補者となったのが柴山昌彦だった。一四年後に文部科学大臣となり、就任会見で「教育勅語」の一部利用を言って物議を醸したのが、自民党の選挙戦略における転換点となった公募の主役だったとは誰も思わないだろう。

当時、身なりを気づかわなかった柴山にPR会社とスタイリストが付き、候補者のイメージを変えた。名前にちなんで柴犬をイメージキャラクターにして話題も作った。

イメージ戦略以上にＰＲ会社が本領を発揮したのはデータ収集である。選挙区の細かいデータ調査の結果を戦略に入れ込むといった「実験」を行なったのである。

相手は比例区から鞍替えした民主党の現職。結果、五〇〇〇票の差を付け、柴山が勝利した。最悪の状況の中で勝利したことにより、この改革の方向性や手法が認知された。まさに「論より勝利」である。

この時のノウハウが、さらなるデータを加えて、今日の自民党の選挙戦略につながっていくのである。

次の選挙に生きる「公募」人材プール

この選挙はさまざまな副産物をもたらした。

自民党は選考から漏れた五人との関係を維持した。二〇〇五年、急な郵政解散の際に、目玉候補として先陣を切り、野田聖子に対して送り込まれた「刺客」佐藤ゆかりは、このときの最終選考に残った候補者である。

この解散でも公示まで時間はなかったが、ここでも自民党は「緊急公募」を行ない、二六人の候補者が選ばれる。第3章でも触れたが、あまりに急な選考により、当選してから問題を起こす議員もいたが、翌々年の参議院選挙でも八人が公募により選ばれる。

二〇〇九年の政権交代によって、自民党はさらなる改革を要求される。公募については「勝てる候補者」の擁立を目指し、「透明感ある公正な選考方法」「党員が広く参加できるかたち」へと変革されるべきとの認識が示された。その結果、二〇一〇年の参議院選挙では一九人、二〇一二年の衆議院総選挙では、実に八四人もの公募候補者が選挙を闘うことになった。

二〇一二年の再政権交代選挙で当選した自民党の八四人の新人候補は、のちに「魔の二回生」「魔の三回生」と呼ばれ、政治家としての資質が取り沙汰されている。二〇〇九年の民主党への政権交代選挙で、自民党の重鎮議員が軒並み落選して、引退となった。その結果、新たな小選挙区候補が必要となったが、当時自民党から選挙に出ようと考える人はそれほど多くなかった。多くがしばらく民主党政権が続くと踏んでいたのである。

また関西では、橋下徹が大阪府知事となって以降、維新の会の存在感が増し、国政への参画につながっていった。計算が立つ政治家志望者たちは、最小限の労力で衆議院議員になる道を模索するようになる。

実際、自民党の場合、当選確率が高い「おいしい選挙区」は世襲で埋まっている。

すでに述べたように、公募に抵抗する現職議員は、引退ギリギリまで、下手をすると解散総選挙が決まるまでそれを表明せず、公募の時間を与えないようにしてきた。結果として世襲は温存されることになった。

2　復活する派閥

公募の「新しさ」を支えた秘書軍団

中選挙区制では自民党内の派閥が政党の役割も果たし、実質的な政権交代を行なってきた。一方で派閥同士の熾烈な闘いは、政治腐敗につながり、結果的に自民党のダメージを生む原因ともなってきた。

特に小渕恵三総理が脳梗塞で倒れた後、密室の中で森喜朗が選ばれたことに対する反発は強く、森内閣退陣を狙った加藤紘一による「加藤の乱」は失敗に終わったものの、自民党＝派閥政治への国民の不信の声を「自民党をぶっ壊す」と代弁した小泉が登場する。

小選挙区制の導入に伴い、派閥は弱体化すると思われていたが、現実にはそうはならなかった。前述の通り、二〇〇四年四月の埼玉8区における衆議院補欠選挙の際、公募で選ばれた柴山昌彦の当選はさまざまな新しい試みに加えて、主導した世耕が属する清和政策研究会（森派）の森喜朗会長が、選挙に慣れた自派の「秘書軍団」五〇人を現地動員して勝利したものでもあった。この秘書軍団は血みどろの選挙を経験してきた猛者たちで、普段は東京や各地元にいるが、どこかの選挙が苦しいとなったときに、チームを組んで集中的に応援に入るのだ。

柴山の選挙後、参議院選挙で自民党はまたも敗北する。補欠選挙のときのように小回りの利く戦略を取ることができなかったからである。

小泉は内閣改造を行ない、幹事長だった安倍は幹事長代理への降格と取られかねない人事を受け入れる一方、党改革検証・推進委員会を「党改革実行本部」へとより強力な組織にするよう要求し、認められていた。

新体制となる中で、派閥に関して問題が持ち上がる。公募の部会長だった野田聖子が二人の副部会長を連れ、辞めたのだ。柴山が森派に入ったことに対する不服を表したものだ。

初めて選挙を闘った柴山としては、森派の秘書軍団の応援に対して恩義を感じないわけはない。しかし、公募で当選した議員は派閥に入れないことにしようと言っていたのに、話が違う。安倍自らが森派に引き入れた、と記者団にその理由を語り、辞表を突きつけた。

世耕は、野田の認識は真相とは違うと前掲の著書に書き残している。ただ、ポスト小泉の中で派閥の捉え方は安倍と野田で違っていたし、背景にはかれらの間に横たわる緊張関係もあっただろう。

野田はその後、郵政解散で窮地に立つことになる。

引き継がれる派閥文化　現金の重み

二〇〇九年、自民党は下野するが、野党であった三年三か月の間、派閥は大量の落選議員の活動と生活を支える。自民党に政権が戻ると、自然と党内での派閥の影響力も復活し、総裁選やそれにつながる大臣ポスト等の人事を回すうえでのキーポイントになっていく。

議員や候補者にとっても、どの派閥に所属するかは大事な選択となる。ポストとカネが付随してくるからだ。

自民党では派閥に入ると、夏には氷代、冬には餅代（どちらも数百万円程度）が支給される。氷代は六月の定例会が終わる頃、餅代は一二月の臨時国会が終わる頃に支給される。解散総選挙ともなれば、地元に戻る前に派閥の事務所に寄って、一〇〇万円程度の選挙資金を受けとる。これはたいてい、現金で渡される。

自民党のこうした文化は、野党側にも一部引き継がれている。

二〇〇九年総選挙では、現金五〇〇万円の公認料が入った紙袋を候補者本人が党本部で受けとる儀式をした。紙袋はビニールで二重にされた、どこにでも売っていそうなものだった。

それだけの現金を持ち歩いたことのないある候補者は、逆に怪しまれないようにと帰りの電車の網棚に置いて、忘れて降りてしまった。無事見つかって事なきを得たが、カネの重みとそれ相応の〝縛り〟を可視化するには現金以上の方法はないのである。

現金での授受は、決してやましいことをしているのではないにもかかわらず、どこかで秘密を共有しているという〝一体感〟につながる。組織への忠誠を担保する意味では、大事なことなのかもしれない。

「一致団結箱弁当」

「昭和五〇年代後半、『一致団結箱弁当』と呼ばれた田中派は鉄の結束を誇っており、当時私は派閥秘書の末席にいたのですが、あれは田中角栄先生という、政策構想力や人心収攬術において他の政治家の遠く及ばない、魔神としか形容の仕様のない統率者（その評価はいろいろあるにせよ、間近で二年間接した私の率直な印象です。皆田中先生を恐れてはいましたが、それ以上に先生を好きで堪らなかったのです）の存在があってこそのものでした」（石破茂HPより）

石破茂が郷愁をもってこう記すように、自民党の派閥は週に一度、所属議員が党本部や事務所に集まり、同じ弁当を食べながら、意見交換をする。

田中派の流れをくみ、かつて一〇〇人以上の所属議員を有する自民党最大派閥だった竹下派（平成研究会）。その団結ぶりは「一致結束箱弁当」と言われた。「四川飯店」「ざくろ」等々の名店から中華弁当、鰻、カレーライス、親子丼などの出前がとられ、議員も秘書も番記者も、全員が同じ弁当を食する。こうして結束を固めるのだ。

派閥によっては選択の自由があるところもあり、岸田派（宏池会）では、何種類かの弁当から選べる。

一方で、派閥に属する限りは、当然のことながら、責任も付随する。総裁選などにおける行動の一致や、派閥を維持していくための金銭面での協力、具体的には派閥が主宰するパーティ券の引き受けなどである。

ある派閥の場合、二万円のパーティ券を期数に五〇を掛けた分だけ、ノルマとして販売しなければならない。つまりは一回のパーティで一〇〇万円単位の引き受けである。二期の場合は二〇〇万円、三期の場合は三〇〇万円となる。ノルマ以上を売れば、その分は売った者の取り分となるのだが、諸々を差し引きすると、派閥に所属している金銭的なメリットは三期生でプラスマイナスゼロとなり、それ以上は持ち出しのほうが増えると言われている。

しかし、派閥の目的から言えば、若手の人材育成といった面は大きく、四期、五期と進んでいく人々はポストが見えてくる。時とともに派閥に所属することで得るものの内容が変わってくる。また、四期以上となった議員たちは、自分たちが若手であったときにその恩恵を十分に得ているからこそ、今度は支援する側に回るという循環を受け入れる。

砂防会館、海運ビル、自由民主会館等、派閥はそれぞれ事務所を持ち、他とのかけもちができないよう、木曜日の昼に定例会を行なっている。派閥に属することはある種の保険でもある。何らかの事情で窮地に陥った場合、派閥の交渉力によって守られることが往々にしてあるからである。

競わせる選挙区

派閥の機能の最たるものは候補者調整である。

五五年体制下、中選挙区制の中で、自民党は派閥ごとに候補者を擁立し、党内での分裂選挙はあたりまえという状況でもあった。しかし、小選挙区制の導入とともに、一人区に同じ党の二人を党公認として擁立することが有権者にとってわかりにくいために、一方を比例区で処遇する「コスタリカ方式」等を採用しながら、最終的には分裂選挙を解消する方法をとってきた。

ところが、二〇一〇年代に入り、再び分裂選挙になる選挙区が増えてきた。

選挙は小選挙区を無所属で闘わせ、勝ったほうを追加公認というのは、誰にもわかりやすいフェアな方法ではある。一方、公認されていないということは比例重複立候補ができないわけで、当事者たちにとっては、負ければ比例復活はないという崖っぷち選挙となる。

小選挙区時代の分裂選挙にはいくつかの類型がある。

まず、「新人対決後継争い型」である。

二〇一四年の福岡1区、二〇一六年の福岡6区の補欠選挙がその例だろう。

福岡1区では井上貴博(麻生派)と新開裕司(古賀派)が争った。二〇一二年の選挙でも公認争いをした二人について、党本部は井上を小選挙区、新開を比例区で処遇すると決定したが、新開は受け入れなかった。双方が無所属で闘った結果、井上の勝利となり、二〇一七年の総選挙に新開は出馬しなかった。

福岡6区は、急死した鳩山邦夫の地盤だった。邦夫の次男二郎と、県連会長の長男である藏内謙が争い、鳩山二郎の圧勝となる。

自民党にとってはこうした分裂選挙は必ずしもマイナスばかりではない。候補者が切磋琢磨する中で票の掘り起こしに寄与しているからだ。競わせることは選挙戦術の一つであり、自民党の中で長年培われてきた知恵ともいえる。

二〇一七年の分裂選挙は「郵政選挙後遺症型」、つまり二〇〇五年の郵政選挙を引きずっているケースである。

岡山3区は、平沼赳夫の選挙区だったが、郵政選挙の刺客として送り込まれたのが阿部俊子だ。この選挙では小選挙区で平沼が勝利し、阿部は比例で復活した。続く二〇〇九年、二〇一二年、二〇一四年総選挙でも平沼が勝ち、阿部は比例復活してきたが、二〇一七年、平沼は引退を決め、次男の正二郎を後継として擁立を目指した。自民党は阿部、正二郎ともに無所属で闘わせ、勝ったほうを追加公認するとした。

三つめは「派閥対抗型」。二〇一七年総選挙では埼玉11区、山梨2区の例がある。

どちらの選挙区も前回の衆議院総選挙で競り負け、比例で復活した党支部長をつとめる現職今野智博（埼玉11区、細田派）、堀内詔子（山梨2区、岸田派）を推薦にとどめ、同時に、離党したものの無所属ながら二階俊博幹事長の派閥に所属する小泉龍司、長崎幸太郎の復党を了承。党推薦と二階派支援の現職の対決を容認し、党は当選したほうを選挙後に追加公認するとした。自民党山梨県連は堀内の公認申請を党本部に上申したものの、二階幹事長はこれを認めず、岸田文雄は「理解できない。断固反対だ」と批判した。

因縁は一二年前から

堀内と長崎の場合は「派閥対抗型」だが、実は広義には「郵政選挙後遺症型」ともいえる。因縁は二〇〇五年の郵政選挙から。自民の重鎮で郵政民営化法案に反対した堀内の義父・光雄の刺客として、党本部が送り込んだのが長崎なのだ。光雄が二〇〇六年に復党したため、二〇〇九年衆議院総選挙で党本部が光雄を公認した。長崎は離党して無所属となった。長崎は二〇一二年、二〇一四年の衆議院総選挙では民主党系の票も取り込んで、自民党公認の詔子を破っている。

このように山梨2区の堀内家と長崎は、一二年にわたって因縁の対決を続けてきた。堀内は二回とも比例代表で復活当選したものの、小選挙区で当選できていないことは、公認申請審査においてはマイナスになっていた。

こうした事情がうごめく中、二〇一七年の分裂選挙では、岡山は阿部俊子、山梨は堀内詔子、埼玉は小泉龍司が勝っている。

一方で、埼玉11区、山梨２区、岡山３区と同様に競わせる予定でいたにもかかわらず、片方だけが公認となった選挙区があった。

たとえば神奈川４区である。

二〇一二年の総選挙で、浅尾慶一郎は「みんなの党」公認で、京都から国替えしてきた自民党の山本朋弘を小選挙区で破り当選する。山本は比例復活した。二〇一四年も同様に無所属で出馬した浅尾が制し、以降、浅尾は「神奈川みんなの改革」代表のまま自民党の衆議院院内会派に入り活動している。

二〇一七年衆議院の解散の流れの中で、浅尾は九月二七日には自民党に入党することとなっていた。だが神奈川選挙区では、直前の二四日、内閣府副大臣を務める福田峰之が副大臣を辞任のうえ自民党を離党して希望の党に合流すると宣言した。山本に関しても離党があり得るとの警戒があり、両者とも公認せず、競わせるという当初の予定を変更して山本が公認された。

この選挙区は、立憲民主党の早稲田夕貴が小選挙区で勝利し、山本は比例復活、浅尾は惜敗する。浅尾はそのまま議席を失う結果となった。

公明党という土台

自民党の候補者たちが小選挙区で勝ち抜こうとしたら、公明党の協力を抜きには考えられない。

しかし、二〇一七年の総選挙は直前に、公明党が長年の関係を見直し、小池百合子率いる都民ファーストの会と連携するという揺さぶりもあった。

とはいうものの、自公の連立も二〇年以上となると、互いの絆も深まっている。

自民党の政治家たちの中には創価学会の「教学試験」を受けるものもいる。

「教学試験」とは日蓮遺文の穴埋め問題や、仏法用語の知識を試す内容で、五〇問が出題される。「教学試験」の受験対策には、模擬試験問題が二〇〇問も出されているのだが、そうした情報は、公明党の地方議員が持ってきたりする。地方議員との日常的なつきあいは重要である。

選挙ともなると、いわゆる「名簿バーター」が行なわれる。三〇〇人前後、必ず「比例は公明」という人々を選出して提出する。

公明党はその名簿に基づいて、一軒一軒を回って支持を訴えるため、適当な名簿を出すわけにもいかない。しかし、その作業と引き換えに、一選挙区三万〜四万票が入るとなると、真剣にならざるをえない。一方で新進党時代に培った信頼関係をベースに、いまだに公明党に食い込みを見せている野党議員もいる。

小選挙区制は政党の近代化を求めているといえるが、公明党、共産党という組織政党に対して、個人後援会や空中戦、風頼みといった戦略をとってきた各政党は、自民党を含め組織化についての曲がり角を迎えているともいえる。

3　一強の「無策」

自民党内の不満と不安

国会議員の朝は早い。

朝八時には、自民党本部で厚生労働部会、法務部会、経済産業部会等々、基本的には国会の常任委員会単位で部会が開かれる。その際、党職員は誰がどの部会に出ているかの出席をきちんと記録していて、それが役職や政務官、副大臣等の抜擢にもつながるという。

一方で、こうした部会に一切出ないという議員もいる。選挙地盤が弱いため、地元に戻り朝の街頭演説をしている。特に三期生以下はポストより選挙優先である。

かれらに今回の二〇一七年総選挙をどう見るかと尋ねると、「野党の混乱についてよりも、自民党内にある澱《よど》みを出すことができなかった」という議員が多く、驚いた。

二〇〇三年から行なわれてきた党改革の柱は「公募」を中心にした人材リクルートシステムの構築であった。ところが二〇一二年以降は「自民党」というだけで当選できるようになり、候補者も党本部も十分な自己改革への意識が低下しているというのだ。

選挙地盤が弱い「魔の二回生」が敵失で勝ち、「魔の三回生」となる。選挙で負ける経験でもすれば、これまでの行動に関し反省もするだろうが、「それでも勝った」という成功体験は思考を停止させる。そもそも地元でささえる地方議員たちには、党本部の選対からの押しつけだとか、選挙区の特性に合った候補者を選んでいないといった不満も潜在的にはある。「魔の三回生」の一人は自戒を込めてこう話す。

「備えなければならないのは『安倍以降』。三年後の選挙に勝てるかというと、心もとない。必ず飽きがくるし、何より安倍総理の辞め方が問題になってくると思います」

先に述べたように、小選挙区では席が埋まっており新人が立ちにくくなっているため、四五歳以下という自民党青年局も、「実質『中年局』になっている」という。

「世襲も劣化している」と感じる、とも。地盤が安泰な世襲議員には、他の政治家がやりたくてもできない外交防衛、安全保障をやってほしいが、恵まれているからこそ危機感もない。つまり何もしない――。

それに対して、自民党として、何か策があるのだろうか?

「無策です」

党改革実行本部での取り組みは、有権者に満足感を得てもらうようコールセンター機能を充実したことや、PR会社と組んで行なった一貫性のある、多方面からの広報活動などは引き続き成果を出している。しかし、たとえば派閥の解消やカネに関しての透明性の確保など、頓挫したり当時より後退したりしているものもある。

だからこそ、二〇一七年の総選挙は勝つにしても、もう少し厳しい選挙であってもよかったのかもしれない、と。

小池と前原が組んだとき、一瞬だが危機感が広がった。

少なくとも、「魔の二回生」の何割かは戻ってこられないのではないかと思っただろう。しかし、また同じような選挙が続いたことで「選挙とはこんなものだろう」という甘えが出てくる。だからこそ、かれらの言動が常に党にとってリスクである状況は変わらない。

しかし、そうした弱点があまり外に出てこないのはどうしてなのだろうか。

他党から自民党に移った議員は、自民党のことをこう語る。

「(不満があっても)外に出る前に、ガス抜きできるようになっている。ちゃんと中で吸い上げられる。だから外では言わない」

「むしろ、下手に頭がいい議員より、考えずに右向け右となるほうがラク。でも、これが国民のためになるとは思えない。となったら、変えるしかない。自民党が変えなかったら、選挙も、政治家も変わらない」

二〇一七年、自民党が負けた選挙区

自民党が圧勝した二〇一七年総選挙だが、実は地域的には敗北したところがある。

北海道で自公候補は、無所属を含む立憲民主党の候補と闘った八選挙区で三勝五敗と負け越した。勝った三選挙区でも、すべて相手の比例復活を許した。負けた自民候補五人のうち、一人は比例で復活できたが、当選七回のベテランを含む四人はいずれも議席を失った。

また新潟の六選挙区では、民進党系の現職四人が議席を獲得し、自民党候補の当選は二人にとどまった。自民は敗れた四人のうち三人が比例復活したものの、苦汁を嘗めさせられた。

また、公認候補が相次ぎ落選したため、比例北陸信越ブロックでは自民現職の二人は比例復活もならず、長野県内の自民党衆議院勢力は五人から三人に後退した。

長野では「羽田」「井出」といった「ブランド」がいまだに残る。野党であっても「世襲」的意味合いを持つ、家のブランドを掲げた候補者には「自民党」ブランドだけでは勝てないのである。

このような自民党が弱い、もしくはそもそも野党が強いといった地域に吹く風は局地的ではある。しかし東北地方中心に、TPP協定など自民党の農業政策のあおりをまともに受けた農業県の地域には、濃淡は別として同じような風が吹いている。

自民党は選挙後、どのように対応したのだろうか。

落選した議員たちは、党本部にあらためて呼ばれて面談されたという。落選者を対象とした勉強会や懇親会も行なわれ、その際には一〇〇万円、三〇万円、一〇万円というように、その後の活動資金の支援を得たという。

一強自民党であっても拭いがたい、「勝てない選挙区」の立て直しをどう行なうか。それが「蟻の一穴」となって野党に浸食されないためにも重要な課題だとの認識なのだろう。

「自民党が近代政党になれるかどうかも、問われている」

親類縁者、隣近所、業界団体など、厚い後援会組織に支えられて選挙で当選を勝ち取ってきた人々も、老齢化や少子化で選挙のやり方そのものが変わっていくであろうことは予想がつく。自民党が敗れた地域は、その先端にあるのかもしれない。

自民党は比例候補をどのように選んでいるのか

今回、自民党から衆議院総選挙の比例区に立候補したのは全部で三一三人。小選挙区と重複立候補するのは二五八人。比例単独候補は五五人だ。順位付けの方針は全国一一ブロックごとにそれぞれが抱える事情で違うが、今回に限った配慮としては、選挙区の定数が減る県の現職を上位に据えた点であろう。

つまりは救済措置だ。青森、岩手、三重、奈良、熊本、鹿児島で選挙区を失った現職を優遇した。そのほか、東京ブロックでは、七月の都議選で落選した都議会元幹事長を二五位にしている。公明党候補が出馬していることもあり、政略的な配慮だと言われている。

また、「どう考えても幹事長派閥だという理由しか見つからない」と言われるような好順位に優遇された候補には、派閥の力が見えてくる。

「総裁案件」と言われたのは、中国ブロックから比例単独一七位で当選した杉田水脈である。中国ブロックの場合、小選挙区重複候補に継ぐ順位で位置づけられたならば、名簿登載とともに当選確実が出る。なぜ杉田はそれほどの厚遇を受けたのだろうか。

ちなみに、同ブロックの石破茂は、杉田の擁立を発表されるまで知らなかったという。

「本来、日本は、女性が大切にされ、世界で一番女性が輝いていた国です」「女性が輝けなくなったのは、冷戦後、男女共同参画の名のもと、伝統や慣習を破壊するナンセンスな男女平等を目指してきたことに起因します。男女平等は、絶対に実現し得ない、反道徳の妄想です。(中略)その結果、ドメスティックバイオレンスが蔓延し、離婚が増加、少子化や子供の貧困の原因となっています」

（二〇一四年一〇月三一日衆議院本会議での杉田の発言）

日本維新の会で衆議院議員に初当選、次世代の党、日本のこころと政党を移りながら、こうした根拠のない発言を繰り返す。杉田は名を売り、仲間を増やし、二〇一四年の総選挙で落選するものの、さらに過激に自分を膨らませていく。

安倍総理はその発言や行動も理解したうえで、名簿上位に登載した。日本会議をはじめとする保守層へのアピールであると言われるが、こうした発言をする候補者を擁立するリスクについては鈍感だ。

「杉田水脈の議員辞職を求める自民党本部前抗議」デモをはじめとして、杉田の国会議員としての資質を問う動きが出てきても、「まだ若いから、注意をしながら仕事をしていってもらいたい」と述べ、処分は不要との考えを明らかにするなど、まったく何が問題なのかを理解しようともしていない。

自民党総裁として、この候補者は国権の最高機関にして国の唯一の立法機関である国会の議員としてふさわしい人材なのか。公認するにあたって責務を果たすに十分な能力や見識があるかを当然ながら吟味するが、そのスクリーニング自体に狂いがあったり、恣意的な誘導などがあった場合は、有権者にはどうにもならない。

杉田がいやでも自民党支持という人はいるだろう。そして、現行の小選挙区比例代表並立制は、比例では杉田の名前を書かなくても、自民党と書くだけで、杉田は当選してしまうシステムなのである。

拡がる劣化の亀裂

選挙は本来、自分の名前を書いてもらわなければ当選しない。究極の「自己承認」である。しかし杉田のような比例単独候補は名前を書いてもらうわけではない。当然ながら、彼女の「承認」は名簿順位を決める権限を持つ人。ある意味、杉田にとっての有権者はただ一人。その人、もしくはその支持層に対してのアピールこそが自分に立場を与え、保護してもらうための唯一の選挙活動なのである。一方安倍総理や自民党にとっては、杉田の先にある一塊に対してのアピールであり、票固めなのだ。

それが、右バネへの配慮でとどまればいいが、雑誌『新潮45』が休刊に至った問題のように、人々を傷つけ、社会問題として炎上するといったリスクと隣り合わせでもある。

「生産性発言」問題では、二〇一七年総選挙のスクリーニングの甘さが思わぬ波紋を呼ぶこととなった。自民党にとっては示唆に富む事例であろうが、懲りるどころか次の参議院選挙に向けても同様のことを考えているのではないか、との声も伝わってくる。党改革を推進してきた安倍が、今度は党の劣化の亀裂を広げているのである。

実は自民党は、小池・前原の失敗によって、党改革の機会を失ったとみるべきかもしれない。

第5章

新しい政治はどこにあるのか

——不寛容なリーダーシップの果てに

民進党からの合流組の一部を「排除」する発言がでた小池都知事の定例記者会見(2017年10月10日、東京都庁、朝日新聞社)

1　政治改革は何をもたらしたのか

政治改革二五年の歩みを問う選挙

一九九〇年代の統治機構改革＝政治改革を経て平成最後であろう国政選挙を終えた日本政治は、有権者に対し新たな選択肢を提供できたのだろうか。

二〇一七年総選挙は、この二五年の歩みそのものを問うこととなった。

政治学者の砂原庸介は次のように指摘している。

「統治機構、とりわけその中核たる選挙制度を、何らかの思想や哲学に基づいて一貫したものとして設計することは、仮にそれが望ましいとしてもきわめて難しい。既存の制度が運用されてきた過程で、有権者と政治家の間には一定の関係が構築されており、その関係を否定するかたちで新たな制度を導入することには当然抵抗があるだろう。また、新しい制度を導入したとしても、それが期待通りに機能するかどうかはわからない」(『分裂と統合の日本政治』)

まさに、想定されたようには二大政党制とならず、「期待通りに機能」しなかった小選挙区制は、日本の政党システムにおいて「野党をどう考えるか」という課題に直面することとなった。

小選挙区制の利点を生かして国政レベルで政権交代を実現した民主党は、政策的統合を見ないまま、党組織を運営せざるをえない状況に追い込まれた。維新の党と合併して民進党と名前を変えてからは、さらに統合が難しくなった。

ただ、そもそも民主党は、その成り立ちからいっても、政策的統合をもつ組織をつくることは難しい政党だった。

主として自民党から離脱したメンバーでつくられた新党さきがけ、そして社会党右派などの議員が集まって、鳩山由紀夫と菅直人の「鳩菅新党」と呼ばれた旧民主党ができた。そこから旧日本新党、新進党系の議員も合流し、民主党へと進化していった。その後、小沢一郎率いる自由党出身者を抱え込み、そこに紐づく地方議員も内在させながら、野党第一党としての位置を確立していく。

あまりかえりみられることがないが重要な点は、地方議員はほとんどが中選挙区もしくは大選挙区の選出で、民進党に集う地方議員の支持母体や後援者の層は、自民党の地方議員より多岐にわたっていることだ。

加えて、野党側の地方議員は国政同様、主に連合の支持を受ける者と、イメージ選挙を得意とする若い政治家とに二分され、それぞれが食い合わない存在として共存している。政策的に統合されないということは、少なくとも地方議員たちにとっては都合がよかったのである。

砂原は、同書の中で地方議会の選挙制度を変更する必要性を強く訴えている。その改革なく選挙制度改革をしても、結局は「現在の制度が、人々の支持をめぐって行われる政党間の競争をアンフェアなものとしてしまう」からである。

兵庫県議会議員を二期務めた後、衆議院議員に転出した私には、砂原の言わんとすることが実感できる。

一九九四年の選挙制度改革が基本的には国政レベルのものに終始していることは、まさにスープの上澄みだけをかきまぜているようなものである。結局は抜本的な改革につながらず、いつまでたっても同じような問題が起こってくる。

しかし、こうした国政改革上の不都合が地方政治との関係の中で起こっていることは、有権者の目には届きにくい。

地方議会の選挙の仕組みを考えれば、現行の小選挙区制で自民党が優位に立っていることは、構造的な問題でもあることが見えてくるのだ。

地方議会が国政選挙を左右している

具体的な例をあげてみよう。

衆議院議員でも、政令指定都市の選出と、それ以外の市区町村を抱える選挙区の選出とでは、置かれた状況はまったく違う。

通常、一人の議員が別のブロックの選挙区を闘うことはないのだが、私は、①兵庫1区(近畿ブロック)、②宮城4区(東北ブロック)、③東京4区(東京ブロック)という三つのブロックを闘うという経験をしてきた。

そこで驚いたのは、都心の選挙区である東京4区は、都市モデルとされる兵庫1区モデルではなく、むしろ地方モデルである宮城4区モデルが当てはまるということだった。

日本で最も効率化され、洗練された都市モデルの最先端を行っているはずの東京都議会に「ドン」と呼ばれる権力者が生まれ、都知事ですら自らの出処進退を決められないといったひと昔前の、いや今でも地方政治でありがちな権力構造の根源は、実は選挙制度から生み出されているのだ。

都市と地方では選挙区内の地方議員定数が圧倒的に違うのだ。

東京４区は大田区の約四分の三の地域。大田区議会議員は五〇人、東京都議会議員は八人いるが、二〇一七年総選挙時点では立憲民主党の区議会議員はゼロである。友好な関係を持つ議員が二人。つまり、五〇人大田区議会議員がいて、協力してくれるのはたった二人、ということだ。

一方で自民党の区議会議員は一六人、公明党は一二人、無所属保守系が五人、つまり二対三三である。

宮城４区は塩竈市、多賀城市、宮城郡七ヶ浜町・利府町、富谷市、黒川郡大和町・大衡村、加美郡で構成され、そのすべての市町村に議会がある。そして、それらの地方議会において、自民党を名乗らない保守系無所属議員や公明党議員の数を足すと、与党系議員はゆうに一〇〇人を超す。対する民主党系は一人。一〇〇対一である。

兵庫１区は神戸市中央区、灘区、東灘区。三つの区の県議会議員の定員を足すと七人。うち三人は民主党だった。自民党の県議会議員数は民主党と同数だった。市議会議員を入れて比較しても陣営の議員数の差は四人。その意味では大田区や宮城４区とはまったく違っていた。

つまり、同じ衆議院議員候補といっても、その選挙区内での身内の地方議員の数がまったく違う。同じような選挙を闘っているようで、その環境には大きな差があるのだ。自分と共に動いてくれる人の数、普段から有権者の声を聞き、動いている地方議員の数がまったく異なるのである。

選挙ともなるとその比率以上に数が問題になる。相手が一〇〇人を抱えているところ、こちらが一人だったら、一〇〇対一、二人になったら一〇〇対二で比率では五〇対一になるが、現場ではあくまで一〇〇対二であり、決して五〇対一になることはない。

選挙においてあるブームが起きると、それはしばしば「1区現象」と言われる。1区は風が起きやすい。自民党とカウンターである党との地方議員数がほぼ変わらないという、こうした裏事情があるからだ。

興味深いのは、民主党が民進党となり、党勢拡大を目指す過程で行なわれたのが、まさに党中央と地方組織、国会議員と地方議員の関係の見直しだった点である。それまで、ほとんど捨て置かれていた地方議員について再考し、党内融和の担い手として位置づけたのだ。

党内事情を知る者としては、民進党の幹部が砂原らの論文や分析を目にしていたとは思えないが、現場も同様の意識を持ち、何らかのアクションを起こそうとしていたことはまちがいない。

砂原はさらに、以下のように指摘している。

「現在の制度を前提としたうえで、仮に国政・地方政治の政治家たちを強く統合する政党が出現したとしたら、それは極めて人格的なリーダーシップに依存するしかないのではないだろうか。政策やそれが生み出す利益への期待などを超えた人格への帰依、というと言い過ぎかもしれないが、厳しい条件の中で無理にでも統合を進めるために、そのようなものがクローズアップされていくことに不思議はないと考えるからである。(中略)個人に依存した統合は不安定なだけでなく、ブレーキを失う危険もある。成熟した民主国家では、その統合を念頭に置いた普段の制度改革を検討して

いくべきである」(同前)

2　不寛容なリーダーたち

小池百合子になかった「人格的なリーダーシップ」

二〇一七年の総選挙で欠けていたもの、それはまさに「人格的なリーダーシップ」だったのかもしれない。

前原誠司は、自分の位置がそこにはないことを自覚していた。小池百合子は人格的かどうかはわからないが、少なくともあの時点で「最も期待されるリーダー」であったことは、都議選の圧倒的勝利を見てもまちがいないだろう。

そして前原は小池の人気に依存し、寄生しようとした。

小池は近年、さまざまな政党の失敗に接してきた。だからこそ、強引に政策的不一致を回避するための行動、「踏み絵」といわれた「政策協定書」にサインをさせる、共通のイデオロギーや規律に対して逸脱する者は「排除いたします」と宣言したのだろう。

それは前原も同じだったに違いない。

党内の政策不一致が、至るところで行く手を邪魔する。

バラバラな党を統合し、自民党を超える保守政党をつくること。それこそが民進党の代表選挙を通じて、いや、その前から前原が自らに課した使命だったのだろう。

前原は保守政治家であるが、一度たりとも自民党に入ったことはなかった。出発点が京都府議会。その後、日本新党に身を置いて国政転出を実現するが、いずれにせよ京都という選挙区で「自民以外」という道を歩き始めた以上、自民党に行くことは環境的にも心情的にも難しいことだっただろう。

前原は、二〇一六年の代表選挙で蓮舫に負けてから、これほど早く自分の出番がくるとは思っていなかったかもしれない。しかし代表選で枝野に勝ち、党の運営を立て直そうとしたときに、幹事長に抜擢しようとした山尾志桜里のスキャンダルが出る。

前原は、以前から、小池が誰かと組むとしたら自分しかいないと、また細野豪志では小池は動かせないと断言していた。

その言葉通りになった。

小池は細野ではなく、前原を選んだ。

そして小池は躊躇なく「排除」を始める。

前原はもちろんそれなりの抵抗はしただろうが、どこかで割り切っていた面もあるように感じる。自身のグループであり、直前の代表選挙でも前原を支えた「凌雲会」のメンバーで、希望の党から「排除」もしくは選挙区の公認候補からはずされることになったメンバーには電話一本していない。

不寛容なリーダーたちの「先行利得」

二〇一七年のあまりに急な解散は、民進党の地方議員も巻き込んでの党改革への時間的猶予を打ち切り、予想通り、小池百合子という強力なリーダーに乗ることで、またもや名を捨てて生き残ることを選ばせた。

しかし前述したように、政策的統合を目指した排除は、皮肉なことに分裂を加速し、希望の党自身の勢いを削いでいった。

それまでの流れが一気に変わる。

野党が勝つためには、政策的、またイデオロギーの統合でもない、別の要素が必要だったのである。

二〇一八年九月、沖縄県知事選挙で勝利した玉城デニーは、二〇〇九年政権交代の選挙で衆議院議員に初当選したが、その後小沢一郎と行動を共にし、知事選に出るまでは自由党の幹事長を務めていた。

その玉城が沖縄県知事選挙で訴えたのは「イデオロギーよりアイデンティティ」。象徴的な言葉である。ウチナーンチュとしてのアイデンティティ。選挙は、自分たちの誇りを持とうと訴える玉城自身の、そして亡くなった翁長雄志《おながたけし》前沖縄県知事の「人格的リーダーシップ」を確認し、拡散していく活動でもあったのだ。在日米軍だったアメリカ人の父とウチナーンチュの母の間に生まれた混血の二世が新基地反対を掲げる姿は、沖縄の現代史を人々の心に強く刻みつけ、十二分な説得力をもった。

その玉城が、かつて衆議院国家安全保障に関する特別委員会で質疑に立った際に、「日本語が読めるんですか？　わかるんですか？」と言った小池をはじめ、二〇一七年に登場したリーダーたちは、おしなべて不寛容なリーダーだった。

ささやかれる「議員の劣化」も含め、現在の政治状況の「憂いのもと」をたどれば、一九九三年総選挙に行き着き、翌一九九四年の政治改革四法に収斂されるように思われる。

この第四〇回総選挙は中選挙区制で行なわれた最後の選挙であり、「新党ブーム」に沸き立つ中で、野田佳彦、前原誠司、枝野幸男、玄葉光一郎、海江田万里、中田宏、小池百合子、また今では自民党にいる茂木敏光や高市早苗、山田宏も「新党ブーム」の候補者として「中選挙区選挙」の産道を抜け、衆議院議員として産声をあげた。〝若手政治家〟の多くはこの選挙を「勝負時」と見たのである。

第3章で見たように、当時、かれらのような二〇代、三〇代の若者が衆議院の候補者となるためには、国会議員の家に生まれるしかなかった。もしくは代議士のもとで一〇年、二〇年と滅私奉公して初めて機会がめぐってくる。それもあくまで世襲する子どもがいない場合や、子どもが拒否した場合だ。それ以外であっても、地方議員の経験なしに国会議員に立候補するなどほぼ不可能で、そうした発想自体がなかった時代である。

「直衆」などという言葉が頻繁に聞かれるようになったのは、以前はそれがいかに難しかったかを示している。

もちろん候補者の中には小選挙区制への移行の途上で落選し、政界から消えていった者も少なからずいるが、二世や官僚、地方議員といった硬直した人材の中で、新たな発想を持ったこの世代は「先行利得」を得ていると言っても過言ではないだろう。もちろん一定の能力に裏打ちされているが、質問の機会やテレビ出演なども含めて、政治家として育つための機会が、今の若手よりはるかに多かったはずである。

一九九三年当選組は、政治業界における因習を壊す機会と新しい仕組みを作る経験を得て、さまざまな議論を経ながらも最終的には大いなる妥協で生まれた小選挙区比例代表並立制や政党助成金制度のもと、自らが実験台のようになって当選を重ねていった。

与えられた機会を最大限生かし、着実に実力をつけているかれらの特徴は、戦争体験も含めて、徹底的な理不尽にあいながら叩き上げられ、清濁併せ呑み、情と仁義を重んじる前時代の保守系リーダーとは異なる、ある意味「不寛容なリーダーシップ」とも言える。

「落としどころ」を探ることなく、前だけ向いて突き進めたのは、自分たちが「切り捨てられる側」になることを、まったく想定もしていないからだ。

二〇一七年の総選挙ではその「不寛容さ」が端的に現れたとはいえないだろうか。

選挙制度の改革は不可欠

今後の野党再生のキーポイントの一つは、一九九四年の政治改革四法の見直しや改革にあたれるか否かである。小選挙区比例代表並立制の見直しも対象である。しかし、たとえば枝野は小選挙区を廃し、中選挙区に戻すことには明確に反対と主張する。「自分は中選挙区制を経験している」ということが根拠なのだが、それは一回だけのことで、それも日本新党の風に乗った選挙であった。

私自身は中選挙区制を主張するものではないが、厳しい言い方をすれば、枝野の中選挙区制に対する拒否感は、かれらこそがその後の黎明期の小選挙区制の申し子であることへのプライドであり、存在意義でもあるように思える。

と同時に、枝野がそれを意識しているか否かはわからないが、中選挙区制に戻ったとして、いわゆる「同士討ち」をしなければならない状況は自民党のような大政党だけに起こることであり、現状をかえりみれば、野党のどの党も複数擁立をすることは基本的にはない、というよりできない。二〇一九年の参議院選挙区で複数擁立を模索してはいるが、都市部中心の一部の都道府県では可能でも、前述通り地方議会の選挙制度が変わらない中では地方組織に圧倒的な差が出る。結果的に自民党の複数当選を許し、時計の針を逆戻りさせる可能性のほうが大きいという判断もあるかもしれない。

よって、中選挙区制になろうとも、野党側は基本的には党のセレクションを通って候補者として誕生するのはたった一人であるから、現状とそう変わらない。逆に選挙区が広くなり、候補者の負担が増えることは望まない、ということはいえるだろう。

「一人区」が増えると何が起こるか

当然ながら、一票の格差は是正すべきだと思う。

しかしながら、二〇一七年衆議院総選挙の前に出された参議院定数六増案に異論は強く、野党は猛反発したほか、与党からも採決の棄権者が出た。

この六増の中身は、埼玉選挙区の定数を六から八に増やし、比例代表を九六から一〇〇にする。

加えて、比例代表には拘束名簿式の「特定枠」を新設するというものだ。

参議院の議員定数が増えたのは、沖縄の本土復帰に向けて沖縄選挙区を設けた一九七〇年以来になる。

比例代表の特定枠は、政党が決めた順位に従って当選していく拘束名簿式を一部に導入できるようにしたものだ。自民党は特定枠の新設で、隣接県をひとつの選挙区にした「合区」の対象県から出馬できない候補者を救済したと言ってもいい。

一方、その「合区」を行なった二〇一五年の公職選挙法改正では、合区以外でも定数が「減」となった選挙区がある。宮城、新潟、長野だ。改選議席は二議席あったところが一議席となる。これらは過去たいてい「自民・民主」と与野党がひとつずつわけ合ってきたところで、党内での候補者争いに勝てば当選がほぼ確実となった選挙区だ。

実際そこで勝てば、以降は自動更新的に議席を得られるいわゆる「指定席＝おいしい選挙区」と言われたところでもある。

「定数」というのは選挙においては言うまでもなく当落に直結する重要な要素である。

「三」となると、敵は党外にも党内にもできる可能性があるわけだが「二」の場合、それはない。無風安定なのである。

しかし、民主党が政権をとった二〇一〇年の参議院選挙で小沢幹事長は定数「二」の場合でも、複数候補を立てて競わせた。「政権与党なら当たり前」と言ったものの、結局このときの選挙は惨敗、党内、県連内での「しこり」は相当なものとなった。

その反省も含め二〇一三年の選挙では再び一人に絞り「自民・民主」を狙ったが一部では維新の党や共産党に「指定席」を奪われる結果となった。「二」を与党と野党でわけあえるという意味では、国会での闘いを考えれば、定数二の選挙区は野党にとってはなくてはならない選挙区である。「二」が「一」に減るというのは、「三」が「二」に減るとか「四」が「三」になるのとはまったく違うインパクトがあることを指摘しておかねばならない。今までバランスをとってきた「もう一方の声」がかき消されることになりかねないからである。

また、常識的に考えれば当選は難しくなるから、野党側で立候補をしようとする人が二の足を踏む場合もあるだろう。

ことほど左様に議員定数の問題は「定数が削減されればよい」とか「一票の格差が是正されればよい」という単純な話ではなく、結果的に一人区が増えるということは地方議会の例を引くまでもなく、政治的停滞やゆるみを生む可能性があることも指摘しておかねばならない。

本来なら合区をしたとしても複数区とするなどの案や現行の比例代表部分の改善ほか、一票の価値並びに定数是正とあわせ、抜本的な制度改革が議論されるべきではないかと思う。

3　問われる政党のありかた

エリート層の劣化

これまでの政治改革議論の中心課題の多くは、「政治とカネ」の問題から発生している。政党運営や選挙には巨額の費用が必要だからである。時にはおもてには見えない金銭を都合しなければならないという事情が、個人の私欲と重なり、政治腐敗が進み、リクルート事件や佐川急便事件を引き起こしてきた。

だが、二〇一七年総選挙が行なわれる背景にあった森友・加計学園問題は、政治改革などの構造問題を問うのではなく、たんに安倍総理をはじめとした一部の政治家や、官僚の資質を問う、つまり「エリート層の劣化」の問題だった。

いつの時代も、どの世界にも支配層はいる。かれらが社会のさまざまなルールを決め、政治的権力を振るうことで、社会の安定を保とうとする。

エリート層はもちろん、自分たちの取り分は確保したうえで「富の再分配」を行なう。国民の側はそしてそれを半ばわかりつつも、社会的コストと受けとめて、それが許容の範囲であれば受け入れていくのだ。

ところが、急速な情報化の中、今までは隠されてきた欺瞞や小ずるさが白日のもとに晒され、瞬時にして共有され、かれらが行なっているのは再分配ではなく「搾取」であることに国民は気づいた。社会が傷んできたことが、エリート層が劣化してきて、隠しきれなくなっていることが、あらわになってきたのだ。

ところが、国民は、この搾取を行なっていることを暴く、もう一つのエリート層に対しては逆に厳しい反応や拒否反応を見せることもある。

安倍政権を容認する選挙結果は、搾取されている側の人々にとっては合理的でないように見えるが、正義を振りかざして正論を畳み掛けるエリート、目的のためには仲間を切り捨ててもなんとも感じないエリートよりは、「友だち」を優先しヘマをしでかすエリートのほうがまだ共感できると思ってしまう。

傷んだ社会の中では、そんな錯誤が起こるのだ。

突拍子もない政策や、とんでもない発言がことさら疑問を持たれないまま、受け入れられていくことにも、同様の背景があるのではないだろうか。

「民主党だけは勘弁してくれ」

これは日本だけの現象ではない。トランプ大統領の誕生、イギリスのＥＵ離脱派の勝利も、それぞれの事情はあるが、権力のカウンターパートとしてのエリート層に対して、それが正論であればあるほど疲れを感じ、「うんざり」しているのである。

日本の場合、その対象が民主党政権時の残像と重なりあっている。

安倍は小泉のようなポピュリストではない。パフォーマンスも苦手である。

小泉が扇動的な言動で国民の中に熱狂を作り、高支持率を維持したのに対して、そこそこの支持率をキープし続けている安倍の支持者がどこにいるのかあまりよく見えてこない。

「選挙が楽に闘えるのは、民主党さんのおかげ。二〇一二年の選挙以降は、どんなに自民党に対して批判的な声があがっても、『じゃあ、民主党政権に戻していいんですか？』と言うとみな、『やっぱり、自民党』となる。森友・加計問題があっても、『民主党政権だけは勘弁してくれ』となる。

二〇一七年の選挙もそれで通しました」(自民党・大臣経験者)

小泉の敵は自民党内の既得権益者たちだった。「改革勢力」と「抵抗勢力」。わかりやすい言葉を使って、自民党支持者のみならず、民主党支持者も含めた無党派層を取り込んだのに対して、安倍の敵は、いまでも「民主党政権」であり、それを引き継いだ民進党である。

二〇一七年の選挙は二〇一二年からつながっている。

批判に対して、「でも、しかし」と言い返せないばかりか、内部を批判するパフォーマンスを繰り返し、自分だけは違うのだと主張する議員があとを断たず、内部から崩壊していく。

民主党はその後、名前を変えるしかなかった。

それでもだめで、今度は顔を替えた。

しかし、それで何かが変わったのだろうか？

一方、自民党は支持基盤である日本会議をはじめとする保守団体や既得権者である業界団体、地方組織などの支持固めを行なう。

選挙時の投票率は小泉のときに比べて、おしなべて低い。無党派層にアピールするより、公明党や経団連などを含めて固定票を重視したほうが有利である。

「民主党よりマシ」。民進党が希望の党となり、解体し、国民民主党になったものの支持率が伸び悩むのはその影がいつまでもつきまとっているからだろう。

立憲民主党にしても民主党時代の閣僚が中心となって回しているのだが、街頭でむやみやたらに「ウソつき」「民主党、嫌い」と言われることはなくなった。民主党の正の遺産(金銭)も負の遺産

（イメージ）も民進党をへて、国民民主党が引き継いでいるのだ。

二〇一七年総選挙の前の民進党も、その負の遺産に苦しんでいた。

こうした像を壊し、国民から支持を得るためには何が必要か。

常識的には考えられない挑戦をしていく。

「怯まない」という姿勢を見せること。

橋下徹、小池百合子は無鉄砲な自分をさらして、選挙に臨む。カネも組織もない。「でも、闘う」という姿勢が国民の支持を得た。

ただ、前原は違った。民進党という組織とカネを持ったままで小池に抱きつこうとしても、支持は得られず、あえてそれを捨てた枝野のほうが結果的に広い支持を集めたというのは、ある意味あたりまえだったのかもしれない。

「政党」が問われた選挙

二〇一七年総選挙が始まったとき、立憲民主党が候補者に伝えてきたのは、自分の名前より「枝野」を叫ぶ、ということだった。今回の選挙は「党で選ぶ選挙だ」と。

実際、選挙の折り返し地点の一〇月一六日、福山哲郎幹事長名で全候補者に配られた「後半戦突入〜最終盤に向けた取り組みについて」と題された文書には「（電話作戦では）『枝野幸男代表と一緒に闘っている立憲民主党の公認候補は、この選挙区でただ一人』と、ご自身がその公認候補であることの周知徹底をはかって下さい。全国的に見て、厳しい状況にある候補者ほど、ご自身の名前のみを強調している傾向が強いという報告を受けています」とあった。

候補者は自分の名前を書いてもらわなければ当選しない。しかし、小選挙区制においては、いや中選挙区制とて政党が公認している候補者が一人の場合は、個人より党優位の戦術をとったほうが有利である。

小選挙区制となって四半世紀がたってようやく、公明党、共産党以外に「個人より党」という近代政党としての選挙戦術をとる党がでてきた、ということかもしれない。

小選挙区制では、どれだけ強固な個人後援会を持っていたとしても、政党が持つラベルが有権者から拒否されると、落選リスクにさらされる。

有権者は候補者よりも政党を重視して投票を行なうようになってきているからだ。

一方で候補者にとっては比例重複立候補ができるというのは、政党に所属する利点でもある。同ブロック内の同じ政党に所属する他の候補者の惜敗率より高く、比例配分された数以内に入れば、当選する可能性が高くなる。

候補者たちはこうした計算を常にしている。と同時に、政党内での自分の位置取りも確認する。選挙とポストなどを考えたうえで、このまま自分が所属している政党にとどまることに限界を感じたとき、もしくは、他党に移る、新党を立ち上げるほうが「リスクが低い」と感じたとき、政治家はしばしば離党を決断する。

二〇一二年の衆議院総選挙前後から、民主党の「政党ラベル」はマイナスであると認識されはじめ離党が始まる。

まずは、小沢グループが離党。同年一二月の選挙では「日本未来の党」に合流して選挙を闘ったが、惨敗する。その後も二〇一五年には民共共闘路線に反対し、鈴木貴子、松本剛明らが離党し、自民党に合流する。かれらのような二世議員の場合、親は自民党に所属経験があり、保守的選挙地盤を築いている場合は民主党・民進党という政党ラベルはそもそもプラスではないし、活動の中での違和感もあった。

細野豪志のように自身の憲法私案を雑誌に発表、党の方針と違うと批判されたところで代表代行を辞任し、その後、「新たな政権政党をつくる決意」を語り離党、小池百合子という新しい政党ラベルに移行する者もいる。

最終的には二〇一七年九月、代表に就任した前原もそう判断するに至るわけだが、その後に生まれた立憲民主党の誕生やそのラベルの価値も、どう維持されていくのかはわからない。このましばらくはニッチな政党でいくのか、野党を一つの傘の中にまとめていくのか。民主党・民進党の失敗から学んだことは、必ずしも政党が大きくなることがいいとも限らないということだった。過半数をとらなくとも、与党となり得ることも十分にわかっている。

となると、今後、日本に二大政党制が根づく可能性は、きわめて低いと思わなくてはならない。すでに指摘しているように、新たな選挙制度を導入しても、具体的には二大政党制を持続させるような条件整備は行なわれなかったからだ。

政党をいくつ渡り歩いても、構造的問題を変えなければ、二大政党制のもとで青い鳥を見つけることは不可能である。

党本部機能の重要性

新たな政党が生まれ、その後安定したものになるか否かの鍵は、議員だけではなく、党本部の機能によるところも大きい。

一九九八年に結党した民主党は、一度は政権の座についたわけだが、二〇年の月日をもってしても、自民党に対抗しうる党本部機能を持つことができなかった。

奇しくも『自民党改造プロジェクト６５０日』で世耕弘成が力を入れたのは党本部職員の改革である。「田中角栄元首相が、あれほど強い力を持っていたのは、党職員の一人一人を全員掌握していたからだ。職員を通じてライバルの動き、党のさまざまな情報が入ってきた。党職員を通さないと、我が党は何の政策決定も出来ない。そのため、かれらとのパイプがあるということは、即ち、政策の実行力を持っていることにもなる」

この世耕の記述とほぼ同じことを、別の党を立ち上げた経験を持つ者から聞いた。まずは党の事務局長をヘッドハンティングしてきた。そこに予算をつぎ込むことは惜しくない。財務を見ることができる者、人事が回せる者。専門の会社に任せるとしても、広報等にもある程度の目利きは必要である。議員は入れ替わるが、党本部職員は基本的にはその場にい続ける。となると、本部職員の育成は、候補者を選ぶとき以上に慎重に、ていねいに行なわなければならないのだ。

民進党所属の議員・総支部長として一五年いて、筆者がいちばん驚いたのは、党員サポーター費の総支部プール分の返金がされたときのことである。返金額は七八万円だった。通帳記帳をしてみると、一ケタ違っていた。慌ててそのことを職員に伝えると、平謝り。「ごめんなさい。まちがえました。残りはすぐに振り込みます。迷惑かけました」。通帳には七八〇万円、つまり、一ケタ多く振り込まれていたのだが、職員は一ケタ少ない七万八〇〇〇円を振り込んだと勘違いしていたのだ。誰にでもミスがあるから、そこは問題ではない。気にしなければならないのは、七八〇万円が消えても、申告されるまで何の問題ともならない組織のほうである。

4　新しい選挙はどこに?

有権者はどこにいるのか

小選挙区制になり政党ラベルが投票行動に及ぼす影響が多大になっているにもかかわらず、自民党も他の党も党員・サポーターが減少している。中選挙区制のように同士討ちが行なわれる前提で、それぞれが競って党員を集める行為がされていた時代と比べても意味はないが、ここ最近自民党の候補者、国会議員になったのも、旧来型の個人後援会という基盤をもっている者ではないケースがほとんどだ。

枝野は新人時代から自民党型の固い後援会組織をつくることを重視してこなかった。朝の街頭演説が有権者との言葉をかわさない対話であり、その積み重ねで支持を得てきた。

枝野だけではない。参入障壁が強固だった時代に、たとえばラグビージャージーを着てポスターに写り、ある意味松下幸之助曰くの「皿回し」をしながら議席を得てきた四〇年前の若者たち。そのモデルを模倣し、手法が拡散された中で業界に参入した「街頭型」の若い世代にとっては、それまでの「後援会型」ではなく、体力や時に知力の優位性を生かせる、お金もかからない活動が街頭演説だったのだ。

ところが最近、その街頭に変化が出てきた。人が減っているのである。団塊世代の大量退職、働き方の変化もあるのかもしれない。街頭演説に立つことの効果は明らかに落ち始めている。

これは筆者も感じるところである。

朝の街頭演説といえば、五、六年前まではひと朝で一人五〇〇枚は配れたビラ。今は五〇枚も配れれば御の字である。ここ数年で紙のビラは一気に配れなくなった。

選挙になれば「いつも見てましたよ。投票します」と声をかけられ、雨の日も雪の日も「今日はやめよう」という心の声に勝って街頭に立ってきた日々が酬われたと実感したこともある。

しかし、ひと昔前はめずらしかった街頭演説は今では誰でもやっている。そうなると雨の日の演説とて、自己満足、自己陶酔の域にとどまる。

まるで演説している候補者がいないかのように、急ぎ足で通り過ぎる有権者。不機嫌そうに前を通り過ぎる人々の表情を見ながら、どうすれば思いは届くのだろうかと思案する。

どこに行ったら、確実に有権者と会えるのか。時間に限りがあるからこそ、効率性をまったく無視して活動することはできない。

ＳＮＳでのアプローチは後援者を探す試みでもある。たとえ自分の選挙区に在住している有権者でなくとも、かれらが発信してくれることでつながることがあるかもしれない。

ジェラルド・カーティスが『候補者の誕生』で指摘するように、選挙戦略や党組織のあり方をめぐっては、党全体・党主導の選挙戦を進めるため、大量の党員を持つ政党をつくることが不可欠であり、それが近代政党の本質だという認識が保守・革新を問わず共有されてきた。しかし、もはやそういう時代ではない。

そのことはもちろん、現場で闘う候補者たちはわかっている。だが、党には集めた党員数のほかに、候補者たちの党に対する忠誠や貢献度をはかるメルクマールがないのだ。

そもそも、日本の選挙は特殊な歴史的事情から生まれている。第3章でも一部言及したが、戦前は被選挙権の行使のために、一五円の税金を肩代わりしてもらうケースなど、地主への依存があって成り立っていた面もある。戦後においては政治家を応援する後援会が登場し、陳情・要望を行なうための各種団体が政治的取り組みを始めた。

近年は、どの地域でも後援会の位置づけは下がっている。しかしながら、与野党ともに政党自身がいまだに明治・大正期から続く選挙戦術から脱却できずにいる。候補者もその価値観の中で選ばれていく。選挙が、政治が変わらないのは、有権者が選ぶ以前に、こうした前近代的なスクリーニングで候補者となった人々が立候補をしているからである。

マスコミの世論調査、党独自の調査といったフローの数字以外に、それぞれがどのように党に貢献し、次の選挙で「いかに勝てる候補者」となり、有権者の票を集めてくるのかはなかなかわからない。

野党系では組合の組織内候補者や、市民団体等のバックを持った候補者たちがいるが、いずれも組織の代表であるが故に一般大衆へのアピールはなかなかしにくい。

「まずいうどんでも、それしかないから」

本来、政党が候補者を選ぶということは、その候補者を最適な選挙区に配置し、直接、間接に指導しつつ、当選に向けてサポートを約束するということだろう。自民党はそのサポートを派閥が引き受けている。野党系は自民党のような活動のノルマも成果もそう求めないが、候補者でいることはできても、当選者となるためのステップは自分で踏んでいかなければならない。

今日、今のいま、何をすることが当選につながるのだろうか？

一軒一軒、ドアフォンを押しながら地区一帯を軒並み回って、ポスター掲示のお願いに回るのが効率的なのか、それとも知り合いに紹介してもらった家のほうがヒット率が高いのか、迷いながらの活動である。

一方で、SNSはさまざまな実験場でもある。

スマホで期日前投票の写真を撮らせる、という戦略をとる人々もいるが、これまででは考えられないような組織票の固め方も出てくるだろう。

新しい選挙戦術に適応しなければ政治家は生き残れない。

カーティスは「選挙運動は、絶えず変化する日本政治の葛藤を映し出す鏡であるからこそ、研究する価値があり、人を魅了してやまない」と言い、今後の選挙の向かうべき道として、マスメディアの進化の中で、「脱組織化の流れ」が日本でも起きるはずだ、と予言している。四〇年前、すでに「時代遅れ」となっていた大量党員政党を理想として目指していた日本の政党は、今もその夢を追っているのかもしれない。

この停滞はまさに今なお「候補者の誕生」の過程が前近代的価値観によって生み出されていることを示す。

「選びたい人がいない」

二〇一七年総選挙の「候補者リセット」は、その声に応えたものだったのだろうか。

「まずいうどんでも、それしかないから食べざるをえない」という客の不幸。生煮えのものを出しても平気な店主。あっという間に店はなくなったが、気がつけばまた別のところで看板を替えて店が出ている。こうなれば、とりあえず老舗のほうが安心。先代より明らかに味は落ちていても、文句は言いますまい――。

そんな風景が目に浮かんでくる。

平成をほぼまるまる使って至った先の二〇一七年総選挙を、代議制の機能不全を可視化したという点だけにとどめていいわけはない。それだけにとどめるには代償が大きすぎた選挙だ。

だからこそ。

昭和の負の遺産も背負い込みながら誕生し、日本政治の途切れがちに脈打つ心臓の鼓動の先にいる「候補者たち」の誕生と闘争の過程を、私は書く。伝える。

終　章

そして、また「候補者」は誕生する

JR 蒲田駅東口ロータリー
（2018 年 11 月 20 日、撮影＝筆者）

1　繰り返される弱肉強食

学ばない政党と候補者たち

「猿は木から落ちても猿だが、代議士は選挙に落ちればただの人」

政治家の哀れを揶揄《やゆ》する言葉として使われているこの言葉は一九五七年、自民党副総裁を務めた大野伴睦《ばんぼく》が発したものと伝えられているが、六〇年後の今も、政治家にとって「ただの人」となることが、どれほどの恐怖をもたらすのかを言い表している。

実際、選挙に落ち「ただの人」となれば、国会はもちろんのこと、党内や政治的な場所での発言権はない。権力をもたない政治家には、何の価値もないのだ。

逆に言えば、当選すればそれでよし。たった一票でも多ければ勝ちは勝ち。仮に反省すべき点があったとしてもそれも成功体験として、ほぼすべてが肯定される世界だということでもある。

勝つ、負ける。生きる、死ぬ。究極の弱肉強食、一〇〇対ゼロの世界は、そこで闘うプレイヤーたちの目をどこか曇らせているのではないか。

「すべては私の不徳の致すところです」

たとえ一票差でも落選したら「すべては自分が悪い」と頭を下げる。自分の非力のほかに敗戦要因を語ってはならない。潔くない姿勢は候補者の価値を下げるものと考えられている。

「雨が降って投票率が低かったから」「所属政党の議員が汚職スキャンダルを起こしてバッシングが起きたから」……。落選する理由を並べた瞬間に「だから負けるんだ」という非難を受ける。確かに「同じ条件で当選している人がいるんだ」と言われれば返す言葉もない。しかし、候補者の非力ですべてを片づけてしまうと学びは薄くなる。

多くの候補者の選挙での訴えがなかなか有権者に響かず、若い候補者にしてもどこか古くさい印象を持たれてしまうのは、かれらが生きる政治の世界が精神論で動き、いまだに近代化されていないからかもしれない。

たとえば経済活動を行なっているのならば、売り上げや成果は日ごと月ごと、いや今では秒刻みで明示され、分析された後、迅速に修正され経営方針に反映される。一方で、政治の場合は一人ひとりの議員の成果については実に見えにくいうえ、その議員に対する審判の機会は、衆議院の場合は平均二年半に一度、参議院議員ともなると六年に一度と、数年に一度の一時期にしかめぐってこない。

つまり、政治家は日々、月々に成果を出さなくともよい。次の選挙の候補者になろうとする者は、地元の後援者や業界団体等の支持者に対してアピールするような活動を、タイミングを見て行なえばいいだけなのである。

加えて、日々の努力以上に、近年では特に選挙のときにどういった風が吹いているかによって状況は変わるから、政治家側もジタバタしても始まらないというのが実情だろう。

「負の再分配」時代の選挙になお残る中選挙区マインド

私は二〇〇九年からの民主党政権下で官房長官、国務大臣を歴任、民主党代表代行も務めた仙谷由人の、刊行にはいたらなかった自伝の聞き取りをしたことがある。その中で仙谷は、「富の再分配」から「負の再分配」を行なわざるをえなくなった時代の政治家と選挙について、「責任の伴う立場にあればあるほど、激しい逆風の直撃を受けることを覚悟しなければならない」と語っていた。国の将来のためと思ってさまざまに議論し、苦渋の末に政策選択をした結果、目の前の有権者の支持を失い、落選の憂き目に遭うことがあるのだ。

実際、仙谷は二〇一二年の総選挙で議席を失った。そして、「この割り切れなさをどう受けとめたらよいか」と、苦悩を隠さなかった。

ただ、仙谷によれば、そうした事態は今に始まったことではない。仙谷と同じく徳島を選挙区とし、ロッキード事件後に自民党の総裁とまでなった三木武夫もまた、利権を排した「クリーン三木」を標榜したがために、地元からはむしろ大きな批判にさらされていた。三木はそれを乗り越えるために、仙谷が言うところの「城代家老たる知事」をつくって、自身ではなくその知事が地元の土建業などに利益配分するというかたちで地元の票を固めるという手法に行きついた。中選挙区時代、三木と直接対決した後藤田正晴も同様だ。

批判を恐れず行動する政治家が勝ち続けるためには、利権構造の上に立って闘わざるをえないという、皮肉なねじれが見えてくる。

この手法は小沢一郎にも見ることができる、と仙谷は分析していた。地元に県議会議員や市議会議員の候補者をどんどん作っていく。あるいは市長選挙、知事選挙にも首を突っ込んでいって地方権力も握りしめる。

個々のグループは短期的かつ目先の利益で動くから、これらを大きく組織していないと、いざという時の選挙を勝ち抜くことができない。そうした中で、「理屈が先に立ち、仲良く一緒にやりましょうよという選挙スタイルが、二〇一二年の選挙では足腰の弱さをさらす結果になったかもしれない」と、仙谷は民主党について自己分析した。この言葉は、小選挙区に制度を変えたところで、属人的利権型集票システム＝中選挙区マインドから抜け出せていない現在の政治状況をも表わしている。

一方で、「負の再分配」と表現したように、社会は大きく変わり、分配する利権はもはやなくなっている。であるにもかかわらず、いまだ利権型の集票システムを持つ者が勝ち続けている。ということは、その集票システムが残存し、機能しているということになる。

すでに述べたように、地方議会の制度改革が行なわれていないこともその理由にあげられよう。もう一つ無視できないのは、利権型システムには属していないものの、どこかでその接点を持っていたいと希望する層がこのシステムを下支えしている点だ。

利権はなくなっているが、その構造や組織だけは残っている。そもそも利権の恩恵を得ることのない人々にとっては、投票行動によって自らが権力と見なすものとつながっていると実感するだけで十分なのかもしれない。

そして、不安定な社会になればなるほど、そのフィクションが必要とされるのだろう。

小選挙区制の問題点

現行の選挙制度の最大の問題は、小選挙区比例代表並立制では、得票率と獲得議席数に著しい乖離が生じることである。

自民党は二〇一七年の衆議院総選挙で、全二八九小選挙区のうち、七五・四％(議席占有率)にあたる二一八議席を獲得したが、得票率は四七・八％だった。占有率、得票率とも二〇一四年の前回の衆議院総選挙とほぼ同じ。第一党に得票率以上の議席を与えるという小選挙区制の特性が顕著に現れている。

小選挙区での自民党の得票数を有権者数で割った絶対得票率も、自民党は全有権者の四分の一、二五％ほどの支持によって多数をとっていることを示している。

それは、民意が十分反映されていない候補者を当選させていることでもある。

こうした選挙結果の持つ社会的影響を指摘する声もある。

山田昌弘は『なぜ若者は保守化するのか――反転する現実と願望』で、「社会心理学」の視点から選挙結果の影響を読み解いている。

山田は、たとえば小泉総理による郵政選挙で壊されたものの一つが「長年の努力の積み重ねで国会議員になる」というルートだと指摘する。

「ある者は小選挙区で勝ち、ある者はその余波で比例当選」という姿が映し出されたことは、安定した社会制度や組織などによって担保される「努力保証社会」であった日本社会が変容するうえで、決定的な役割を果したのではないだろうか。

「幸運のみで当選」するという実例は、「流れに乗り、運をつかんだ者が成功し、コツコツ努力することがばからしいという考え方」につながっていく。努力を否定する風潮が加速することで、並の努力だけでは成功しないとの認識が広まる。となると、平均的能力の持ち主は、余分な努力をしなくなる。その代わりに「幸運」による成功を求め始める、と山田は指摘する。

構造改革によって不安定な立場に追い込まれた人々が、二〇〇五年には逆に夢を小泉に託し、政権交代選挙で民主党に投票し、今は安倍政権に寄り添う。

郵政選挙後、マスコミ情報に流されやすく、単純化された争点に反応して投票行動をとる「B層」とカテゴライズされる有権者の存在がクローズアップされた。その後の政権交代や維新ブームを含め、この層がもはや一部ではなくなっていることは、選挙を闘う経験を持つ者なら誰もが感じているだろう。

選挙結果が示すのは単に国会内の議席配分だけの話ではない。候補者がどう誕生し、政治家になっていくかという過程は、有権者自身の思考やモチベーションにも大きな影響を及ぼし、次の選挙結果を生み出していく。

小選挙区制で比例復活をなくす

選挙結果が民意から離れていることは「選んでいない」感にもつながっている。

選挙制度そのものを変えることはもちろん必要だが、社会的にも政治的にも莫大なエネルギーを要する。現行のままで、その弊害をなるべく少なくすることはできないのだろうか。

最も簡単な方法は小選挙区比例代表並立制のうち、比例重複立候補者を出さない、ということかもしれない。

重複立候補者が多い場合、小選挙区での当選が確定しないと比例の順位が決まらない。

参議院の場合は選挙区で負ければそれで終わりだ。だが衆議院総選挙の小選挙区では比例復活があり、それが重複立候補が可能となっている現行制度の利点とされている。つまり小選挙区による民意の死票を救う、というのだ。

二〇一七年総選挙の小選挙区で落選候補に投じられた「死票」は、全小選挙区の合計で約二六六一万票。全得票に占める死票率は四八・〇%で前回と同じだった。

これを、比例を含めて結果的に議席とつながったかを見ると、各党別の死票は最多が希望の党で三六・五%。以下、自民党一八・八%、共産党一八・六%、立憲民主党一一・二%、日本維新の会五・八%、社民党二・〇%、公明党〇・三%となる。

死票率が減るとなれば、それなりの利点にもなりうるだろう。しかし、これはあくまでその候補者に対する属人的救済であることを意識しなければならない。

今回の選挙でも、小選挙区で落選、希望の党で比例当選したものの、その後離党し無所属として立憲民主党と会派を組む議員が出てきた。

有権者は希望の党に投票し、その議席で当選したのに、別の党と活動するのであれば、この有権者の意思は反映されるどころか、逆に賛同していない党の政策を後押しすることにもなりかねない。

小選挙区では落選したその候補者が得た民意と、比例区で党名を書いた民意のどちらを優先させるべきなのだろうか。

比例票はあくまで政党に入れられるものだ。政党が候補者の順位を決め、自分たちが掲げた公約を実行できる人を順番に提示すればいいのだが、実際には小選挙区立候補者のすべり止め的な位置づけ、いわば救済制度になっていて本来の目的は達成されていない。

比例代表の候補者は、政党が有権者に対して可視化できる政策そのものとも言える。にもかかわらず、その機能を使わず小選挙区の候補者への配慮が先に立つことで、混乱が生じているのである。

また、逆風のときでもベテラン議員や二世議員は惜敗率が高い傾向にあるので、結果的にあまり落選することはない。若い議員は重ねて当選することができないので、政党内での新陳代謝がなくなり、権力構造も固定化することになりがちである。

2　政党の条件

「政治家の条件」と政党

一九九一年に経済学者の森嶋通夫が著した『政治家の条件――イギリス、ＥＣ、日本』は、日本政治とイギリス政治とを比較検討しながら、「近代政党」たり得ない日本の政党を厳しく批判している。「政治家の条件」と題してはいるものの、むしろ「政党」のありようについて多く言及している。

森嶋によれば、近代政党の整備は金権政治をなくすためになされた。

金権政治とは、金持ちが貧乏人を支配すること。欧州においては、近代政党がイデオロギー政党として整備される以前は伝統的な支配階級や各地の名士、つまり富裕層が政治家になり、政治が金権政治になる傾向は歴然としていたのである。

現在は福祉国家となっているスウェーデンも、たった一五〇年前は身分制により貴族、僧、農民といった階層ごとの議会を持ち、一方で選挙権も被選挙権も持てない層もいた。フランスの人権宣言やその他の社会変動ももちろんあるが、実は君主制ほか現体制を守るためにこそ選挙権が拡大されてきたという背景もある。

こうした階級社会の中での矛盾といった事情を抱えながらも、近代政党は発展し、民主主義の発露として機能してきた。

日本との現状と比較しながら読み進めると、多くの指摘に頷かされる。

二〇一七年の総選挙の特徴は、直前に複数の新党ができたことである。新党ができなければ比例代表での得票がないので、今後も選挙ごとにこうした動きが起こる可能性は高い。

しかし、政党の設立が選挙をきっかけとすることで、政党自体が長続きしない原因にもなっている。

イギリスの労働党の成り立ちにさかのぼれば、一九世紀後半に設立されたフェビアン協会に行き着く。理念を持ち、政策を提言し続け、それが労働党を生んだのだ。また、フェビアン協会のメンバーによってつくられたロンドン・スクール・オブ・エコノミクスは、今に至るまで人材を政界に供給し続けている。

つまり、日本の政党の成り立ちとは、順番が逆なのである。

理念があるということは政党の必須条件だが、設立が選挙をきっかけとしている以上、理念も後づけになってしまう。また、必ずしも離党したからといって有権者も次の選挙でその候補者を落としたりはしないから、候補者にとっての政党の位置づけも、「勝てるか否か」というその場限りのものとなる場合がえてしてある。

「政治的ずるさ」を持つのは前原より枝野

二〇一七年の総選挙で生まれた立憲民主党は、急場でできた政党ではあるが、「草の根民主主義」を模索している。これまでの政党が行なってきた議員にノルマを課すかたちでの党員・サポーター制度をあらため、「立憲パートナーズ」制度を導入。ＳＮＳと、政治家と有権者がリアルに集う機会を確保するなどの試みを行なっている。すべてはまだ途上であるが、野党第一党となった立憲民主党が近代政党となり得るかどうかは、日本の政党政治の行方に大きな影響を与えることはまちがいないだろう。

前出の仙谷由人が落選した二〇一二年の総選挙直後、今後の政界を担っていく人材についてどう思っているのかを聞いたことがある。

「政治的ずるさを持つのは前原より枝野だな」

意外な答えが返ってきた。

「凌雲会」という民主党時代の「前原・枝野グループ」の中心で二人を見ながら、仙谷はこの日を予感していたのかもしれない。「かれらがどう成熟していくかは見ものだよ」とも言っていたが、その途上で仙谷は帰らぬ人となった。今となってみれば、仙谷の人物評が的確であったことに驚く。当時、枝野が立憲民主党をつくるような政治家になるとは誰も思っていなかったに違いない。

このことを枝野に伝えると「それはうれしい。ほめ言葉だね」と満面の笑みを浮かべた。合唱部で活躍し、日に焼けずに教室や法律事務所にいるイメージがある枝野は、どこかで自分の殻を破りたいと思っているようなところがあった。優等生、アイドルおたく、カラオケ好き。発信される「柔」のイメージ、もしくは官房長官時代も含めた「器用さ」とは別のところに真の自分はあるのだ、というふうに。

たとえば、枝野は、個人的には女性候補を一定数割り当てるクオータ制に、逆差別であると反対を公言していた。しかし、流れが変わるとそうした発言は封印する。第3章でふれた予備選挙についても同様である。そして言葉の順序や組み合わせを変えることで、論理的構成を矛盾なく組み立てられる。

「政策の人」と思われていた枝野が、実は「政局の人」でもあったことを仙谷は知っていた。「政治的ずるさ」は一日では熟成されない。二〇一七年総選挙での枝野と前原が出した結果の「差」はそこだったのかもしれない。

3　総選挙はある日突然やってくる

成仏できない候補者たち

選良である国会議員は、一般の国民よりも高い次元の規範を求められるが、実際にはずっと俗な人々であることは今も昔もそう変わっていないだろう。

そうはいっても、自己保身の行動は秘密裏に行なわれてきた。それくらいの作法は持っていると思われた人々も、人を押しのけて命乞いをせざるを得ない状態に置かれたのが二〇一七年の選挙だ。まさに戦場だった。かれらは敵に向かう前に味方を押しのけ、その屍《しかばね》を越えて闘わねばならなかった。

一方で、立候補を断念したり、もしくは順当に行っていれば勝っていたはずと今も信じている候補者たちは、無念の思いを消化しきれてはいない。

そうした人々は、いったんは政界を離れてもチャンスがあれば戻ってくる。かれらは「成仏できない候補者」と呼ばれるが、二〇一七年の選挙はその成仏できない人々を大量に発生させた。

負けても負けても、選挙に出ようとする人々。

なぜ、やめられないのか。そんなに楽しいのか。儲かるのか。

否、である。では、なぜ続けているのか。

答えは簡単だ。選挙結果に「納得していない」のだ。

また、国会議員から首長や地方議員へと自らのステージを変えようという人も現れる。しばらく休憩して、金銭面も含めて体力を整え、態勢の立て直しをする。とりあえず収入確保は大事。また、どの色のバッジであっても、それをつけて「現職」となれば政治生命はつながっていく。そのうちに、いつか必ず国政への挑戦の機会はやってくる。

政治学者の建林正彦はこう指摘する。

「選挙を通じた代議制民主主義が維持されるには、選挙の敗者が敗北を公正な競争の結果として受け入れ、退出したり非合法な行為に訴えたりすることなく、ある程度の見返りや将来的な勝利の可能性に期待して、選挙競争に参加し続けることが必要だが、そうした敗者の納得は、制度と帰結の関係が明確であり、人々の集合行為がどのような結果をもたらすのかについて、一定の予測可能性があることによってはじめて得られるはずだからである」

「日本のマルチレベルの政治制度ミックスは、やや複雑過ぎる組み合わせというべきであり、敗者の納得が得られにくい制度なのではないか、整合化や単純化といった改革が必要なのではないか」(『政党政治の制度分析』)

敗者の納得が得られ難い選挙制度、それは代議制民主主義の維持を脅かす可能性すらある。つまり、その国の代議制が機能しているか否かは、選挙の敗者が将来的な勝利の可能性に期待して、再び選挙競争に参加し続けられるかどうか、であるとも言うのである。

候補者として誕生できなかった小池百合子

そうした視点から二〇一七年の選挙を振り返ると、ある男性候補者が言った言葉が頭をよぎる。

「もちろん、小池百合子に人生を狂わせられたと思ってますよ。でも……、そもそも野党の人間ですから、落選は怖くない。怖いのは『続けられない』こと。要は、やり続ける体力、気力、根性があるかどうか。経済的に持つかどうか。そして、(落選したらダメ人間というような)社会的評価をどう受けとめるのかだと思います。それでも続けていくのは、ここはある意味、入れる人しか入れない社会だからこそ面白いんです」

現行の政治制度では、参入できる人が限られていて、一度参入したとしても選挙競争に参加し続けられるかどうかはわからない。ただ、かれらが続けるのは、建林の説とは逆の意味で「結果を受け入れていない」からなのだ。おかしい、納得いかない、だからこそ逆に「将来の勝利」を可能性レベルではなく「確信している」というパラドクス。この国の政治は、そんな「納得していない政治活動者」によって下支えされているとも言えるかもしれない。

言いかえれば、それは「制度」云々ではなく、「いつかは絶対わかってもらえるはず」という根拠は薄いながらも確信にも近い絶対的な自信なのだ。

実際に酬われる人はそう多くはない。しかし、滑稽にも見える思いを持ちながら活動し続ける候補者たち。かれらの思いを利用したり、排除・抹殺しながら拡大・縮小する政党。それが端的に現れたのが希望の党であり、小池百合子だったのだ。

希望の党の一番の敗因については、小池の「排除発言」だという人は多いだろう。

しかし長年政治部で取材を重ねてきたある記者は「そうではない」と言い切る。

「小池が候補者として誕生できなかったこと。それがすべて」

もし、小池が山口4区で安倍晋三と闘ったら、小選挙区では負けたとしても、小池は総理になったかもしれない。今でもその確率は相当高かったと思っている、という。

なるほど、二〇一七年総選挙で候補者として誕生できなかったのは小池百合子その人なのだ。

二〇一七年一〇月の総選挙は、すでに過去のものとなっている。

あれから、この一年だけでも森友学園に関しての公文書改ざん、文部科学省による不正入試、また二〇一七年の総選挙で比例単独候補として当選した自民党議員によるＬＧＢＴに関しての「生産性」発言などが続出した。この社会の暗黙の了解であった、やっていいこと・いけないことの基本的な合意事項が実は幻だったのではないかとさえ思う。

いよいよ決壊の時は近づいている。

その先にあるのは、何なのだろうか。私たちは、どんな社会を生きるのだろうか。それは私たちが本当に求めているものなのだろうか。

次の解散総選挙はある日突然、やってくるだろう。その日は一日一日と近づいている。

そのとき、私たちはまた、民意の本筋とはずれた結果に甘んじながら「選びたい人がいない」と言うのだろうか。

「選びたい人がいない」からこそ、私たちは「候補者の誕生」の過程を知る必要がある。

二〇一七年、平成最後となるであろう国政選挙は、さまざまな課題を有権者にも示しているのだ。

参考文献

青山和弘（二〇一八）『恩讐と迷走の日本政治――記者だけが知る永田町の肉声ドキュメント』文藝春秋
浅野正彦（二〇〇六）『市民社会における制度改革――選挙制度と候補者リクルート』慶應義塾大学出版会
東照二（二〇一〇）『選挙演説の言語学』ミネルヴァ書房
新井将敬（一九九四）『エロチックな政治――生きるため死ぬための言葉』マガジンハウス
石井登志郎（二〇一六）『古典に学ぶ民主主義の処方箋――民主主義の歴史からネット時代を見据える』游学社
石川知裕（二〇一一）『悪党――小沢一郎に仕えて』朝日新聞出版
稲田朋美（二〇一〇）『私は日本を守りたい――家族、ふるさと、わが祖国』ＰＨＰ研究所
柿﨑明二（二〇一五）『検証　安倍イズム――胎動する新国家主義』岩波新書
カーティス、ジェラルド（一九八七）『「日本型政治」の本質――自民党支配の民主主義』山岡清二訳、ＴＢＳブリタニカ
――（二〇〇九）『代議士の誕生』山岡清二・大野一訳、日経ＢＰ社
川人貞史・山元一編（二〇〇七）『政治参画とジェンダー』東北大学出版会
京極純一（一九八三）『日本の政治』東京大学出版会
久保田きぬ子（一九六七）「プライマリイの制度について」『立教法学』九号
小池百合子（二〇〇七）『女子の本懐――市ヶ谷の55日』文春新書
河野勝（二〇一八）『政治を科学することは可能か』中央公論新社
杉本仁（二〇〇七）『選挙の民俗誌――日本的政治風土の基層』梟社
――（二〇一七）『民俗選挙のゆくえ――津軽選挙 vs 甲州選挙』梟社
砂川浩慶（二〇一六）『安倍官邸とテレビ』集英社新書

砂原庸介（二〇一五）『民主主義の条件』東洋経済新報社
――（二〇一七）『分裂と統合の日本政治――統治機構改革と政党システムの変容』千倉書房
世耕弘成（二〇〇六）『自民党改造プロジェクト650日』新潮社
武村正義（一九九四）『小さくともキラリと光る国・日本』光文社
建林正彦（二〇一七）『政党政治の制度分析――マルチレベルの政治競争における政党組織』千倉書房
津田大介・香山リカ・安田浩一他（二〇一三）『安倍政権のネット戦略』創出版新書
中北浩爾（二〇一四）『自民党政治の変容』ＮＨＫ出版
――（二〇一七）『自民党――「一強」の実像』中公新書
長勢甚遠著・篠田憲明編集（二〇一四）『甚遠のおもしろ草子』長勢甚遠著述集刊行会
中野潤（二〇一六）『創価学会・公明党の研究――自公連立政権の内在論理』岩波書店
濱本真輔（二〇一八）『現代日本の政党政治――選挙制度改革は何をもたらしたのか』有斐閣
早川忠孝（二〇一二）『選挙の神様――挑戦する若い方々が心得ておくべき選挙の実相を語る』ＰＨＰパブリッシング
藤本一美（一九九一）「アメリカ下院の予備選挙――カリフォルニア州の事例を中心に」『選挙研究』六巻
毎日新聞取材班（二〇一八）『枝野幸男の真価』毎日新聞出版
向大野新治（二〇一八）『議会学』吉田書店
森嶋通夫（一九七七）『イギリスと日本――その教育と経済』岩波新書
――（一九八八）『サッチャー時代のイギリス――その政治、経済、教育』岩波新書
――（一九九一）『政治家の条件――イギリス、ＥＣ、日本』岩波新書
薬師寺克行（二〇一六）『公明党――創価学会と50年の軌跡』中公新書
山田昌弘（二〇〇九）『なぜ若者は保守化するのか――反転する現実と願望』東洋経済新報社
吉井弘和（二〇一七～一八）「日本化するイギリス政治、イギリス化する日本政治」ブログ『Westminster 日記』

おわりに 「候補者にしか見えない景色」

ＪＲ蒲田駅東口ロータリー。目に入る看板も、行き交う人々もまさにいろいろで、統一感はまったくない。一年前、選挙の際には小池百合子が来て、石破茂、山口那津男、福山哲郎も選挙カーを止めて演説をした、その場所だ。

私は何事もなかったかのように、ここでまた街頭演説をする。

二〇一七年総選挙を終えてほどなく、立憲民主党は落選者たちを集めて、それぞれの候補者たちの今後についての希望を聞く会合を持った。私はそのままこの選挙区の総支部長に再任された。

政治活動を続けていくことは決まったが、一年前に比して、何かが決定的に違うといった感覚を持っていた。こうして街頭に立つ時間が、もしかしたらむだかもしれないと疑う自分に、三〇年前に政治活動を始めて以来、初めて出会ったのである。

石原慎太郎、大内啓伍、森田健作、新井将敬――。ここで闘った候補者たちは、今は誰もこの選挙区にはいない。かれらが去るとともに、街からはポスターが消え、発した言葉や熱も、その気配さえない。それはどこに昇華されたのだろうか。それともむだだったのだろうか。

中選挙区から小選挙区への移行期にこの地で活動し、その後、証券スキャンダルが発覚、一九九八年に自殺した新井将敬は、政治が劇場型となり始めた時代の風を受けて衆議院議員に当選した。しかし、新井は「マスコミの下における議会制民主主義の時代に生きているとき、実に奇妙な錯覚が生じてくる」と告白している。それは「しゃべっていることが生きている証である、という不思議な錯覚」だという。

そして、こうも指摘している。「TV番組において権力者を見極めるのは簡単である」と。それは、「その人物がどれ程長い沈黙を許されているかによる」(『エロチックな政治』)。しゃべっている者は、中心部の沈黙の持つ最大の情報量の一部を言葉にしているに過ぎない、と。

街頭演説とはしゃべり続けることである。

最近では駅前から少し外れたところでたまに人だかりがしているのに気がつくことがある。誰がいるわけでもないのに、人々が足を止めている。

みな、静かに手元のスマートフォンを眺めている。携帯ゲームのレアキャラが出没しているのだ。老若男女にかかわらず、誰とも語らわずただただ自分のスマートフォンに見入る姿は、子どもの頃に読んだ小説を思い起こさせる。星新一の作品だっただろうか。思い出せない。ただ、それは望まない未来だったことだけは確かだ。

「沈黙することを許されているのが、最大の権力者」

その言葉が頭をよぎる。

まるで催眠術にかかったように、ある場所に吸い寄せられていく沈黙の主体を追いながら、二〇一七年私を含む候補者たちが闘ったのは、小池百合子でも安倍晋三でもない、最大の権力者だったのだと思い知るのである。

『候補者になった者だけに見える景色』がある」

この言葉は、共に二〇〇九年の政権交代選挙を闘い初当選し、その後の総選挙で重ねて落選した経験を持つ石井登志郎が落選中に書いた『古典に学ぶ民主主義の処方箋』の中の一文だ。

選挙で見える景色はその時々で違う。しかし、二〇一七年総選挙は際立って違っていた。地方議会三回、国政選挙四回を候補者として闘ってきたが、今回の選挙ほど特異な景色を見たことはない。

しかも展開の早さに残像も消えていく。

本書を書くにあたって、多くの仲間たちが、政党を超え「候補者にしか見えない景色」を語ってくれたことに感謝したい。どのような形にせよ、いつの日か一緒に仕事ができる時が来ますように。

バカバカしい、くだらない。こんなことをやって何になるんだ。そう自問自答をしながらも、リスクを承知で「候補者」となるために労力を費やす。それが一瞬で無となる可能性のある世界。途方もない時間をかけても、その多くは酬われずに終わるのが常だ。

ある意味自発的に苦悩、苦悶、葛藤する姿は、時に滑稽でさえある。

他者から見れば非合理的なことを「候補者たち」が実行できるのはなぜなのか。

その問いの答えは「候補者にしか見えない景色」の中にある。

その景色を、読者のみなさんと共有することができたならば幸いである。

最後に、本書における実名記載についての原則を示したい。

党の役職者等責任ある立場にあり、権力構造でいえば対応する候補者より上位の者については氏名を記している。

会話については、原則二者ではなく第三者も立ち会う、もしくは他者が聞いている中で行なわれたものを記載している。なぜなら、政治家の場合、そうした環境で行なわれた会話は外に出ることが前提のものだからだ。

候補者については、他のメディアでエピソードなどが既出の場合以外は匿名とした。かれらの発言についての責任はすべて著者が負う。

『日本の無戸籍者』(岩波新書、二〇一七年)に続き、本書もまた岩波書店・中本直子さんとの共同作業だった。

政治の世界に三〇年も身を置きながら今もなじめず、身の回りで起きる出来事を持て余し気味だった筆者に対し、指針を与え、書くことを通じてその意味を問い直す機会を与えてくれたことに、心から感謝したい。

二〇一八年秋　東京都大田区の自宅にて

井戸まさえ

井戸まさえ
1965年生まれ．ジャーナリスト．東京女子大学大学院博士後期課程在籍中．東京女子大学卒業．松下政経塾9期生．東洋経済新報社勤務を経て，2005年より兵庫県議会議員(2期)．2009年，衆議院議員に初当選．無戸籍問題ほか，法の狭間で苦しむ人々の支援等を行なう．
著書―『日本の無戸籍者』(岩波新書)，『無戸籍の日本人』(集英社)，『不安な未来を生き抜く最強の子育て』(共著，集英社)，『子どもの教養の育て方』(共著，東洋経済新報社)ほか．

ドキュメント 候補者たちの闘争
選挙とカネと政党

2018年12月13日　第1刷発行

著　者　井戸《いど》まさえ

発行者　岡本　厚

発行所　株式会社 岩波書店
〒101-8002 東京都千代田区一ツ橋2-5-5
電話案内 03-5210-4000
http://www.iwanami.co.jp/

印刷・三陽社　カバー・半七印刷　製本・松岳社

ISBN 978-4-00-022960-9　　Printed in Japan